群星闪耀时

西蒙尼自传

[阿根廷] 迭戈·西蒙尼（Diego Simeone） 著　孟鼎博 译

CREER
EL DESAFÍO DE SUPERARSE SIEMPRE

北京出版集团公司
北　京　出　版　社

图书在版编目（CIP）数据

西蒙尼自传 /（阿根廷）迭戈·西蒙尼著；孟鼎博译. — 北京：北京出版社，2018. 8
ISBN 978 - 7 - 200 - 14194 - 8

I. ①西… II. ①迭… ②孟… III. ①迭戈·西蒙尼—自传 IV. ①K837.835.47

中国版本图书馆 CIP 数据核字（2018）第 149684 号

西蒙尼自传
XIMENGNI ZIZHUAN
［阿根廷］迭戈·西蒙尼 著
孟鼎博 译
*
北京出版集团公司
北京出版社 出版
（北京北三环中路6号）
邮政编码：100120
网 址：www. bph. com. cn
北京出版集团公司总发行
新华书店经销
北京嘉业印刷厂印刷
*
710毫米×1000毫米 16开本 11.5印张 120千字
2018年8月第1版 2018年8月第1次印刷
ISBN 978 - 7 - 200 - 14194 - 8
定价：55.00元
如有印装质量问题，由本社负责调换
质量监督电话：010 - 58572393
责任编辑电话：010 - 58572511

我从未怀疑过自己想要成为一名足球运动员的决心，一切自然而然，顺理成章——迭戈·西蒙尼

1998 年法国世界杯第二回合，阿根廷对阵英国，西蒙尼与贝克汉姆之间发生不愉快的对抗。第二年，昔日的对手在欧冠 1 / 4 决赛后握手言和

2002 年 5 月，阿根廷国家队在日本训练，备战世界杯，西蒙尼位列大名单

欧冠小组赛前，西蒙尼带领马德里竞技队训练备战，气氛紧张又不乏欢笑

2012 年 5 月，欧洲联赛决赛，马德里竞技 3：0 击败毕尔巴鄂竞技，球员们激动地将西蒙尼抛向空中

2012 年 5 月，马德里竞技加冕欧洲联赛冠军，西蒙尼高举奖杯

2012 年 9 月，欧洲超级杯中马德里竞技 4：1 大胜欧冠冠军切尔西，捧起冠军奖杯

2013 年 5 月，西班牙国王杯，马德里竞技夺冠大游行，球迷振臂欢呼

我不会逃避输球的现实，逃避就意味着对自己和他人说谎——迭戈·西蒙尼

我坚持认为，努力拼搏比赢得胜利更重要——迭戈·西蒙尼

2014 年马德里竞技与加拉塔萨雷进行足球慈善友谊赛，西蒙尼和当地的孩子亲密互动

2014 年 4 月，西班牙马德里，欧冠 1 / 4 决赛次回合，西蒙尼参加马德里竞技召开的赛前发布会

2014 年 5 月，欧冠决赛前，西蒙尼在马德里竞技训练中和一个孩子愉快地踢球

AZERBAIJAN

2014 年 8 月，西班牙超级杯的比赛中，马德里竞技在西蒙尼的带领下 1：0 战胜皇家马德里夺冠

2014 年 9 月，意大利罗马，2014 年“Match for Peace”足球慈善赛举行，西蒙尼（左）、皮耶罗（右）等名宿领衔出战

2014 年 10 月，马德里的卡纳尔剧院，西蒙尼接受了《马卡报》颁发的 2013—2014 赛季最佳主教练奖

2015 年 1 月，瑞士苏黎世，西蒙尼出席 2014 年国际足联金球奖颁奖典礼

2015 年 3 月，马德里竞技召开发布会，宣布续约西蒙尼至 2020 年

2015 年 8 月，西蒙尼抵达上海，出席球迷见面会

2016 年 1 月，西甲第二十轮，马德里竞技 3：0 击败拉斯帕尔马斯

迭戈·西蒙尼和穆里尼奥很像。在西班牙，他的带队风格是激情四射、咄咄逼人、节奏强劲而且富有团队精神——卡尔洛·安切洛蒂

2015 年 10 月，诺伊塔体育场，马德里竞技对阵皇家社会队的西甲比赛前，皇家社会队主教练大卫·莫耶斯和西蒙尼相谈甚欢

2016 年 4 月，马德里，欧冠半决赛首回合，马德里竞技 1：0 战胜拜仁慕尼黑

成功之后会感觉有一点点无聊，就好像一名登山者，刚刚爬上了数千米的高峰，发现无路可走后，决定回到山脚从头再来——迭戈·西蒙尼

PEÑA ATLETICA "BECERRA" PARLA
FINAL MILANO 2016
Nunca dejes de creer
STYLE

2016 年 5 月，意大利米兰，欧冠决赛，马德里竞技对阵皇家马德里，马德里竞技球迷热情似火

2016 年 8 月，马德里竞技与克罗托内的足球友谊赛上，西蒙尼亲切致意

2016 年 10 月，西班牙巴伦西亚，西甲官方颁奖仪式举行，西蒙尼获最佳教练

2016—2017 欧冠 1 / 4 决赛次回合，马德里竞技对阵莱斯特城，西蒙尼鼓励场上队员

2016—2017 欧冠半决赛首回合，马德里竞技备战德比，众将训练欢乐不断

2017 年 5 月，欧冠半决赛首回合，C 罗帽子戏法，马德里竞技 0 : 3 负于皇马

子承父业，西蒙尼的大儿子乔瓦尼在对阵秘鲁的南美 U20 足球比赛中表现亮眼

2017 年 5 月，卡尔德隆球场，马德里竞技和毕尔巴鄂之间的西甲比赛结束后，西蒙尼带着女儿弗朗西丝卡现身

我不能想象这个世界如果没有足球会怎样，但对于我来说就是世界末日了——迭戈·西蒙尼

献给我的孩子们，

占用了陪伴你们的时间，

来实现我的梦想。

献给我的父母，

是他们让我成长为如今的男人。

献给我的球员们，

这些年来督促我进步，

也给了我了解他们的机会。

献给我的老师们，

让我在无声中学会珍惜这比生命还重要的运动。

献给日复一日陪伴我追逐梦想的人。

献给我的同事们，

帮助我面对新的挑战。

献给所有相信奇迹、不懈努力的人们。

目录
CONTENTS

第一章　童年回响

我们西蒙尼一家来自加罗法利，那是那不勒斯[1]附近的一座恬静村庄。抚养我们这群孩子长大的是我们的奶奶。她在受惊时下意识说的话，有时是意大利语，有时是西班牙语。正因为我们的故乡是意大利，所以家庭生活中充满了意大利风格，家人们都在这种熏陶中长大。我们的性格都很叛逆、开朗、独立且坚强，做事都喜欢迎难而上。奇怪的是，这样要强的一家人又能和睦相处。奶奶是家里的权威，和其他意大利人一样嗓门洪亮。在她的家里，一切都要井井有条。我们只能把玩具摆在地上玩耍，是万万不能放到桌面上的。这就是我孩提时代的成长环境，正是它造就了我如今的性格。

直到我 12 岁那年，妈妈辞去了工作，专职做家庭主妇，奶奶才渐渐地淡出了我们的生活。在妈妈看来，一位母亲不能缺席孩子们的成长过程。数十年过去了，我由衷地感激妈妈的付出。她无时无刻不陪伴着我，有时是端来可口的柠檬茶和蛋糕陪在我身边，有时则是为我按摩痉挛的肌肉。我曾旅居四方，无论是在比萨[2]、布宜诺斯艾利斯，抑或是其他城市，妈妈总是陪在我的身边给我以鼓励。可惜妈妈对足球不感兴趣，不能和她分享足球是我的一大憾事。但妈妈的培养使我拥有了充沛的能量和乐观的态度，让我受益终身。

---

① 意大利南部的第一大城市。

② 意大利中西部城市。

我的父亲则是一位务实、坚忍的男人。他下班回家后，经常会扯着我的头发说:“听说你今天表现不好呀。”有一次我和父亲一起乘车出门，他在旅途中问我是否喜欢被扯头发，我当然说不喜欢。紧接着父亲对我说:“我也不喜欢，但当我下班后听说你表现不好，就好像有人在扯我的头发一样。”这是一个很小却有说服力的例子。父亲觉得，每次下班后听闻我又用足球踢碎了什么东西，就像被人扯住了头发一样。这就是我的父亲，将道理寓于行动中。

父亲和我之间很少拌嘴，因为我们俩属于一类人——尽量让生活简单，避免可能发生的冲突。对我们俩来说，生活要么一帆风顺，要么就进入战争阶段，从未有过中间地带。我们俩都是直脾气的人，从来不用谈话的方式来缓解矛盾。在我小的时候，我经常会因为迟到而遭受惩罚，但我很少找借口。我们俩的矛盾没什么大不了的，哪一对父子没有这样的时候？看到父亲和我之间的小吵小闹，别人不会说:“这事儿闹大了！”

我已经记不起足球是何时出现在我生命中的了。回忆起蹒跚学步的那段时光，一个小小的纸足球就已然在我的脚边。仿佛我自己就是一个足球。爸爸总是讲述这样一段往事，他曾经送过我一套兵人模型，我经常用他们摆成两支 11 人的队伍，互相踢比赛。

我们住在巴勒莫①时，经常会去家附近的杂货店购物。我还记得曾经央求老板送给我胶带、画笔和白纸。利用这些道具，我为小兵人们做了个仿真足球场。在生日蛋糕盒的塑料底板上，印第安人和士兵分别代表的红队和白队展开了激烈的争夺。不仅有球场，还有布景，我把多余

---

① 意大利西西里自治区首府。

的人偶摆在场边，就好像他们是场边的转播人员和观众。每当把球传到前锋脚下，我都觉得面对球门的就是我自己。这套自制的小玩具非常受五六岁孩子欢迎。

在那个年纪很少能参加正规的足球比赛，但我依旧锲而不舍。和所有的孩子一样，我们起初都在学校里踢球。接着我参加了一家位于科尔多巴大街的小俱乐部——维拉马尔科姆。我还经常在大街上踢球，树木、公寓门，无论何处都是我的球门。在球队比赛之外，我在一切能踢球的地方训练，塑料球、橡皮球，一切能踢的东西都逃不过我的魔脚。

当一个男孩踢起球来，街巷就变成了世界杯决赛的赛场。但足球不是一个人的游戏，你有队友，也有对手。八九岁的年纪，谁也不会考虑团队合作，一心都想着击败对手。然而，我选择了控制比赛节奏的中场位置，在这个位置上我既可以组织进攻，又可以参与防守。

童年时期我们一般参加的都是五人制比赛：两名前锋、两名后卫和一名中场，我就是球队里那位中场球员。我发现在球赛中，很难如你所愿击败对手。为了击败对手，你需要考虑一切赛场情况。

还记得在我非常小的时候，是 1979 年，我在一支名叫金色之星的队伍里踢球。儿童足球的一项规则是不能用手掷界外球，那样会被判犯规。我们踢得非常有章法，有一个男孩总能找到对方防守的真空地带，而我也会精准地送出直塞球①。8 岁那年，我就学会了如何将球输送到防守的空当中去。

如今的我，对儿时我们组织比赛的能力感到吃惊，这或许是出于成

---

① 在对手防守的空当，或本方前锋跑动的方向给予的传球，精准、及时，又称“手术刀球”。

人对少儿足球的误解。在成年人眼里，少儿足球仅仅停留在“踢球”的阶段，但我们在进攻中早已有了套路。或许是教练教会了我们如何去跑位，但最终的执行者是我们自己。有时我们的比赛踢得很艰难，但有体系的进攻会给我们带来进球的机会，队友们也绝不会浪费机会。

在场上无球跑动的时间远多于持球的时间，在那些时间中，我学会了如何去利用场上的每一寸空间。

直至今日我获益良多，从小我就有着寻找场上空当的嗅觉。在场上无球跑动的时间远多于持球的时间，在那些时间中，我学会了如何去利用场上的每一寸空间。

正因如此，踢球时有球和无球的时间都吸引着我们。在球队中，我们都成长为了优秀的进攻球员。紧接着，我去了贝雷兹队进行试训。在那里，我的场上位置依旧是中场，不过彼时，我成长为了一名有着前锋灵感的中场球员。

我的第一位偶像是法尔考[①]，20 世纪 80 年代巴西的伟大 5 号。虽然我和他的踢球风格截然不同，但这并不妨碍我对他的崇拜。他在场上球风优雅，总能为球队带来胜利。我还喜欢竞技队的何塞·贝尔塔，一位有性格、有侵略性的球员。与偶像们相反，我从未在场上担任过 5 号位，或许是由于卡洛斯·帕查梅和比拉尔多的建议，我在中场时更喜欢参与进攻。我不是那种把位置站得很死的球员，我的跑动会覆盖很大的区域。

① 指保罗·罗伯特·法尔考。

我从未怀疑过自己想要成为一名足球运动员的决心，但却记不起是何事让我打定的主意。一切自然而然，顺理成章。我的家庭对我的性格有着很强的塑造作用，踢球是一件很难成功的事，很多球员的成功，凭借的不仅是精湛的球技，更是坚强的意志。

当一个人有了明确的目标，他就不会在意在通向成功的路途中会付出多少代价。

在我的成长过程中，有幸拥有了优秀球员所需的性格，这归功于祖母的严格要求和父母的陪伴，再有就是我自己的不懈努力。当一个人有了明确的目标，他就不会在意在通向成功的路途中会付出多少代价。

没有在很小的时候就离开家庭是我的幸运，我在家中一直住到 20 岁。在我 14 岁那年，我觉得距离实现梦想越来越近，也变得越来越自我。有梦想的孩子在那个年纪都会有这种大事将近的感觉。

第二章　学习生涯

在学校里，我属于那种课下活跃，课堂上不努力学习的孩子，但我还是顺利地毕业了。我的秘密武器就是“刚刚好”——刚刚及格就好。学生生涯教会了我和他人相处的艺术，我认为学会与他人和睦相处，比学到知识更为重要。

我曾梦想过当一名健身教练，也特别想在足球方面有所建树。16 岁时我在三线队，17 岁就跳到了一线队，而 18 岁时我已经被征召入国家队了。虽然足球之路一帆风顺，但是我依然认为学校生活非常重要。在我一年级的时候，一位老师问我长大之后想做什么，我说想成为一名足球运动员，多年之后我的回答依旧如此。

我不能想象这个世界如果没有足球会怎样，但对于我来说就是世界末日了。我是一个喜欢追求目标的人，喜欢追寻远方的光芒。当然了，我喜欢和他人竞争，将自己武装到牙齿。

竞争所带来的激情最让我着迷，小的时候，我和姐姐娜塔莉亚经常玩一款叫“泰坦之戒”的游戏。

足球并不仅仅是表面上看到的一群人和一群人追着球跑的体力游戏，它更讲究战术和战略。足球涉及方方面面的知识，是一个非常复杂且紧跟潮流的系统，其中包括：名誉、激情、竞争、金钱、力量、公众人物等。

竞争所带来的激情最让我着迷，小的时候，我和姐姐娜塔莉亚经常玩一款叫“泰坦之戒”的游戏，我们都想成为“世界冠军”。小伙伴们都想扮演红骑士或木乃伊，但我更想扮演一名领导者。

我不知道老师为何让我指挥一群七年级的孩子。话说回来，领导地位是竞争不来的，需要周围人推选。如果没有大众的支持，我是不会入选的。

在我五年级的时候，加入了学校的交响乐团并担任指挥。我不知道老师为何让我指挥一群七年级的孩子。话说回来，领导地位是竞争不来的，需要周围人推选。如果没有大众的支持，我是不会入选的。在学校的环境中，人们从小就会自然而然地培养自己的领导力，但如果太刻意，就会被人反感。

为竞争而武装自我

能否实现目标取决于生活的方方面面，但主要因素是是否勇敢和有所准备。

在我的脑海中存在着竞争的意识，我对一切都毫不畏惧。能否实现目标取决于生活的方方面面，但主要因素是是否勇敢和有所准备。我一直知道自己想要实现的目标，甚至连其中所有的细枝末节都不会放过，家人倒是经常取笑我这一点。

在我的印象中，12 岁时我还在贝雷兹踢球，在和博卡青年的比赛中曾因为故意手球[1]被罚下场。对方的加蒂通过犯规动作从我的队友脚下断了球，但失去了对球的控制。我迅速把球摆好，发出的任意球帮队友破了门，但是这时裁判中断了比赛，将我红牌罚下。12 岁的我和裁判解释道，我是在踢球，不是故意手球，但裁判不为所动。从那时起，我就明白了我是一名球员，一切行为都要按照规则进行。

在成长的那几年中，足球运动员会遇到如何将个人与团队相结合这一问题。

我还记得后来瓦内梅拉克过来将我拉出了场地，比赛最终的结果是 1 : 1 平。这曾经是我的“比赛”，只不过后来我坐在了北看台角旗区。

贝雷兹是我的体育学校，如果说没从这所学校毕业的话，我根本不可能踢这么多年职业比赛，我对这支球队充满感激。曾经在这里的每一个人都给了我莫大的帮助。在这里，有奥斯卡・内西和奥斯卡・贝拉这样的老师，是他们在金色之星发掘了我。还有一名意大利前锋塔诺・卡尔瓦内西，他从青年队开始就帮助我树立自信。

我开始注意到球队中的每个人要发挥不同的功能，就好像机器的零件一样，丢失任何一环，球队都会运转不灵。

那些年真的是段美好的时光。一线队的主教练维托里奥・斯皮内托指导了还在青年队的我们，他那时已经 70 多岁了，而我只是一个八年

---

① 手球犯规，指守门员外的球员踢球时用肩部以下的整个手臂触球或守门员在禁区外以手触球的犯规动作。

级的孩子。他第一次来看我们比赛时，就在场边为我加油鼓劲儿："西蒙尼！加油！"中场休息的时候，他问我今年多大了，我说："14 岁。"紧接着他说："两年后你就能进一线队！"他看到了我的未来。

在成长的那几年中，足球运动员会遇到如何将个人与团队相结合这一问题。我第一次遇到这个问题是在贝雷兹的训练中，我开始注意到球队中的每个人要发挥不同的功能，就好像机器的零件一样，丢失任何一环，球队都会运转不灵。

我学会的第一个阵型是 4-3-1-2，前场攻击力更强但边路薄弱；紧接着学了 4-3-3，两翼各有一名边锋，是一种更为流行的战术。在这种阵型中，9 号球员在中锋位置，中场则由 8、5、10 号三名球员占据，我踢的是 5 号位，这种战术中球员的号码也不太会变动。我不知道自己是否已经深刻了解了场上的全局，但我正在学习，从小时起，除了守门员，2、6、4、3、8、5、9 号……这些位置我都曾踢过。

我曾和比我大得多的孩子们同场竞技过，身体上的差距逼迫着我用意识和战术弥补。

我曾经被放到右后卫的位置上，那是一场对竞技队的一线队比赛。但在第二十分钟左右，我又需要承担起组织进攻的责任。另外一名中场球员在场上迷失了位置，所以我就要承担起双份的责任。当我还是一名小孩子时，一个周末要踢 7 场比赛：周五要和大孩子们一起踢杯赛，周六上午两场，下午还有两场，周日早上和夜里各一场。那段日子超级开心。

我曾和比我大得多的孩子们同场竞技过，身体上的差距逼迫着我用意识和战术弥补，这让我在同龄人中变得更具有竞争力。在塔诺·卡尔瓦内西决定在贝雷兹启用 4-3-3 阵型时，我就因为出众的战术素养被放到了中场的位置。

比起退后，我更喜欢向前进攻。

比起退后，我更喜欢向前进攻。在我的职业生涯中，我一直是一名广义上的中场球员。小的时候我喜欢待在后场帮助防守，但球队一旦得势，我就会有更大的空间向前参与进攻。如今我也把这种理念传授给现在的年轻人，告诉他们球场上的空间是赢得比赛的关键。

我更把它当作一种狩猎的本能，猎物在短短一瞬间就有可能消隐无踪。生活中亦如是，你需要抓住每一个能利用的瞬间，但幸运的是，生活中的机会消失得比在球场上慢得多。

事实上，在球场上寻找空间可能不是学习得来的，我更把它当作一种狩猎的本能。猎物在短短一瞬间就有可能消隐无踪。生活中亦如是，你需要抓住每一个能利用的瞬间，但幸运的是，生活中的机会消失得比在球场上慢得多。

球和空间就像两个不同的半球，你需要很好地平衡二者。

基于智慧，我们的身体才能做出摆脱困境的条件反射。在 2003 年，我还在马德里竞技效力的时候，那一个赛季我打进了 12 粒进球，帮助球队最终夺得了冠军。对每一位后来执教过的球员，我都对他们说球场上的空间是最重要的。球员想要控球，这无疑更让他们热血沸腾，但在重要的比赛中，相较于球场空间来说，球是次要的目标。那些阵型、空间利用良好的球队，比起对手更容易获得比赛优势。球和空间就像两个不同的半球，你需要很好地平衡二者。当对手丢掉这种平衡时，就是你击溃对手的时刻。我利用这个招数在那一年进了很多球。

这是一名成熟球员的比赛策略，但我觉得我从小就培养出了这种本能，从未停止。对于空间和空当的掌握深深刻在我的足球记忆里。

在团队中，能理解同伴的目标是一种非常棒的感觉。

在成长的那几年，我踢过很多不同的位置，这对增强我的位置感是一个良好的帮助。我从中学到了球队该如何配合。从边卫转型边锋的球员更会知道何时该攻、何时该守。在团队中，能理解同伴的目标是一种非常棒的感觉。这为我们提供了更多训练和比赛的方法。

在场上踢过多个位置的经历对我大有裨益，这段经历让我在送出传球前可以预先想到队友的下一步动作。我的中场球员生涯中，比别人有着更多的前锋因素，有时我甚至可能会客串一小会儿前锋。在场上，我知道什么该做、什么不该做，甚至可以知道教练想让我去客串前锋的时机。

当然了，努力就会有回报，如今世界上有成千上万座球场，球迷们现在会对那些不参与防守的前锋嗤之以鼻。

前锋一般专注于自己的本职工作：保持头脑清醒、创造更多进球。有人说前锋要更“独”一点，但我觉得其实在团队中踢前锋更仰仗的是队友的努力。如果没有队友，谁会给你传球？哪来的机会？哪来的进球？

他们服务的是现场数千名球迷，以及电视机前数百万的观众。但观众们看不见的是球员们努力提升自我的过程，这些可没有电视直播。

当然了，努力就会有回报，如今世界上有成千上万座球场，球迷们现在会对那些不参与防守的前锋嗤之以鼻。首先要培养球员们的牺牲精神。足球运动员的工作要着眼于全局，他们服务的是现场数千名球迷，以及电视机前数百万的观众。但观众们看不见的是球员们努力提升自我的过程，这些可没有电视直播。

第三章　掌控情绪

对于球员来说，变得成熟、专业是成长为一名职业球员的必要步骤。

在比赛之前，我们会为了胜利去做充分的准备。但是，什么样的准备工作能带来胜利呢？足球的世界中，在场上的情绪最为重要。对于球员来说，变得成熟、专业是成长为一名职业球员的必要步骤。

那些能脱颖而出的球员都是在积极的情绪中训练成长的。

心理的建设无法从训练中获得，一名球员自身重视它，才能成长为更强大的选手。球员或天赋异禀，或艰苦训练，但唯有内心的建设才是最好的成长方式。可能有的球员会接受更为专业的训练，但他没有用积极的心态来锻炼自己的技术和身体，再好的训练方式也会流于寻常。那些能脱颖而出的球员都是在积极的情绪中训练成长的。如果球员和教练的关系融洽，训练带来的效果也会更为明显。

如今作为教练，我依旧不会感到一丝丝这样的情绪，我依旧是那个在场上无所畏惧的小男孩。

我的一线队首秀是在贝雷兹，我们 1：2 输掉了那场比赛。在比赛中，对方的 5 号卡布雷拉给我上了印象深刻的一课。面对查理·卡里奥，他打进了一球。在我的印象中，我只觉得他踢得非常好，而我却没有初次登场的战栗或紧张，丝毫没有。如今作为教练，我依旧不会感到一丝丝这样的情绪，我依旧是那个在场上无所畏惧的小男孩，也可能是因为彼时我只是个无名小卒罢了。球场就是用来踢球的地方，不是镁光灯照射下的秀场。我关注的只有我的对手，只想着如何击败他。或许在遥远的未来我会有远大的前程，但眼下这场比赛中，我只想表现出我最好的那一面，证明我已经有能力登上正式比赛的舞台。

我不为了任何人踢球，只为胜利。我记得在替补席上寻找机会的日子。

我在贝雷兹的首个进球是在对阵西班牙人队时打进的。在我登场之前，我们被阿尔伯托・吉兹的球队踢成了 2：0。在还有 5 分钟结束比赛时，教练让我热身上场。独自走上球场让我有些紧张，但进球的渴望更甚。这粒进球是一粒典型的跑空位式的进球。图尔克・加西亚带球推进到中场右侧，我同时从 5 号位跑到了 9 号位，他把球准确地塞到了这个空当中。我远远地甩开了加泰罗尼亚人的防守，一脚怒射，球擦着门将的左手飞进网窝，这就是我在一线队打入的第一粒进球。

我不为了任何人踢球，只为胜利。我记得在替补席上寻找机会的日子，一心想着为球队赢得比赛。或许我的求胜欲望太强，让一些人对我有了些许意见。在和善的大氛围里总有那么一些人看不惯我，但我不在乎。

观察力、纪律性、耐力、好胜心和对于关键时刻的把握能力，往往决定了我们能否继续站在绿茵场上。

对于足球运动员来说，首秀是一个重要的时刻。我们从很小就开始刻苦训练，做出了巨大的牺牲，舍弃了很多休息的时间才能走到赛场上。在首秀中，观察力、纪律性、耐力、好胜心和对于关键时刻的把握能力，往往决定了我们能否继续站在绿茵场上。但除了这些，还有很多的非足球因素同样影响着球员的职业生涯。

持之以恒

能够做到不忘初心、持之以恒非常困难。很多球员在一线队亮相不到 10 场比赛就消失在绿茵场上。很多时候是因为他们没办法调整好自己的状态，不懂得掌握自己竞技状态的高峰和低谷。基于每个人的状态都会有起伏的现实情况，每个人都要寻找能让自己度过困难时期的方式。

每一个团体都是个体的集合，教练们要整合 11 个人的优势来为团队谋取最大的利益。整合一支球队非常困难，好胜心必不可少，球场上他们可能为了一个位置争得头破血流，但私下依旧是要好的朋友。

在每个人面对困难时，他们的情况都不尽相同，也有自己的处理之道。当我遇到困难时，我就会变得尤为好胜。当时，有一个 8 岁的小男孩可能会取代我的位置，对我来说他就是我的敌人。我不会同他说话，甚至我的朋友和他说话我都会发火。每天我都把他当作自己的假想敌来逼迫自己认真训练。这样带来的结果就是我的提高也鼓舞了全队的士气。好胜心对于个人进步和集体的进步都大有裨益。或许这种两个人竞争的心态更适用于拳击手之间，但有时足球在合作中也会有自私的一面。

每一个团体都是个体的集合，教练们要整合 11 个人的优势来为团队谋取最大的利益。整合一支球队非常困难，好胜心必不可少，球场上他们可能为了一个位置争得头破血流，但私下依旧是要好的朋友。

我曾经有过和队友不愉快竞争的经历，我们彼此视对方为死人。这就是我年轻时候的竞争方式。但超脱于竞争之上的，是比赛的胜负。

记得有一次我在竞争场上位置的时候与人起了冲突，那是在贝雷兹的一线队，导致我后来被弃用了一段时间。在罗萨里奥[1]的那场比赛中，我孤立了踢得很好的杰拉多·马蒂诺。那年我只有 17 岁。

这时我才明白，能一直在场上才是赢得比赛的关键。

后来我赢得了贝雷兹的首发位置，但差一点儿又被裁判断送。在和里卡多·卡拉布里亚的一次拼抢中，他吃到了红牌，而我被黄牌警告。那次拼抢非常危险，我们都用了很出格的动作。我和裁判保证说是他犯规在先，而且再也不会这样了。万幸的是，后来我没被驱逐出场，这时我才明白，能一直在场上才是赢得比赛的关键。

在竞争中，有一个非常残忍的事实，那就是一方必须要强于另一方，唯有强弱才能辨别出谁更能胜任场上的位置。

在竞争中，有一个非常残忍的事实，那就是一方必须要强于另一

---

① 阿根廷城市。

方，唯有强弱才能辨别出谁更能胜任场上的位置。无疑，每个人的水平都很高，首发和替补之间的差距仅在一线之间。但是如果谁的意志更坚定，他就会更有竞争力，技术上的微弱优势此时就不值一提了。

泰山崩于前而不改色

野球场上的强者和专业球员的差距在于如何处理球场上那些困难的时刻。

在众人天资相仿的情况下，优良的性格是优秀球员脱颖而出的首要条件。每当有人跟我说“他们踢得不错”的时候，我总会说：“没人踢得差。”在巴勒莫的阵容中，有很多男孩球技出色，但这不足以让他们成为优秀的球员。要是球技不错就能成为甲级联赛球员的话，联赛早就人满为患了。野球场上的强者和专业球员的差距在于如何处理球场上那些困难的时刻。

从 15 岁起，我就有幸在阿根廷国家队的青年队和正选队中，分别师从帕查梅和比拉尔多。他们为我打开了团队足球的大门，也教会了我兵无常势的道理。在阿根廷，联赛中的球员们还在“各司其职”，每位球员都锁死在自己的位置上。但在欧洲，潮流早已改变，越来越多的球员变成了球场多面手，使球队更上一层楼。当一名球员可以用不同的角色来思考比赛时，一支球队就有了化学反应。

精神强大的球员同样会把积极的心态传播给队友，让大家共同渡过难关。在生活中如是，足球中亦如是。总会有人在困境中挑起重担，一往无前。

还有，球员需要分担队友的压力，团结是亘古不变的赢球真谛。互助是球队中必不可少的素质，球队更希望自己的阵容中有具备这样素质的球员。

从我自己的球员经历来看，中场球员是最为重要的一环。如果球队处于守势，他们就是前沿的防线。善于观察的中场球员，会从队友的状态中看出哪一个环节出了问题，甚至能找到解决的办法。这个时候能站出来的球员，都有着强大的精神力量。因为在这种时候，技术并不能解决问题，除非这名心理强大的关键球员技术同样出众。

精神强大的球员同样会把积极的心态传播给队友，让大家共同渡过难关。在生活中如是，足球中亦如是。总会有人在困境中挑起重担，一往无前。

这时我们发现，足球已经不仅仅是一场游戏了。在球队陷入困难时，更容易看出一名球员的精神力量。比如梅西，他是毋庸置疑的头号巨星，但他的精神状态更说明了他是一名斗士。在球队陷入僵局的时候，一旦他觉得是时候了，总能用自己出众的才华挺身而出解决问题，就像是迷雾中的一支火炬，他的行动仿佛在说："到我出马了，我们来拿下比赛吧。"除了无与伦比的天赋，梅西的坚强品格和灵敏嗅觉也让他在最恰当的时刻挺身而出。

我曾经历过一段危机，那是当我刚开始担任竞技队主教练的日子。我知道我要成为教练了，但没想到会这么快。周四我还是场上的一名球员，三天后，我就成了场边的教练。那段时间球队的成绩真是太糟了。周日，我们又一次输给了科尔多巴，所有人都认为我帅位不保。但我没有辞职，当天就集结了球队进行合练。直到我满意之前，所有人都没有离开训练场。我和俱乐部高层谈了谈，他们决定留下我。

我们就像身处战役中的军队一样，我当时仅仅是一名执教过 6 场比赛的菜鸟教练。

那段困难的时光如此美妙，是上佳的学习时间。我的姐姐教会我不要把在竞技队执教的经历当作一场失败，而把它当作一段学习的时光。

为什么我决定要做教练呢，或许我可以离开那种困难的处境，但我坚信，我是个能克服困难的人。我曾和这批球员在场上共同竞技，所以我清楚他们的实力。每个人都相信否极泰来，但那需要个人付出艰苦的努力。我们就像溺水的人，没人会来救我们，必须在淹死之前学会游泳。

那段困难的时光如此美妙，是上佳的学习时间。我的姐姐教会我不要把在竞技队执教的经历当作一场失败，而把它当作一段学习的时光。我之前总是任由失败勾起我的痛苦，但其中获得的经验弥足珍贵。我学会了坦然接受失败，就算并非自己所造成的后果，也要学会将事情拉回正轨。尤其当我作为教练时，球员们的目光可都在我身上呢。

第四章　追寻梦想

20 岁那年我只身来到比萨，从那时起我的生活发生了翻天覆地的变化。我的家人还留在故乡，承受着思念游子的苦楚。我原本有机会去维罗纳① 踢球，但一直未能成行。不管怎么说，去欧洲踢球的念头已经在我的脑海中盘旋。对于一个阿根廷男孩来说，在意大利踢球不是件容易的事，那时每支意大利球队只允许拥有 3 名外籍球员，每笔签约都要慎之又慎。

当比萨的邀约到来时，我的父母去了海边度假，而通信又不像现在这样发达，能随时联系到他们。当时的我在贝雷兹队准备季前赛，寄住在姑姑家里。贝雷兹的一名工作人员让我在办公室里和欧洲方面通电话，就去比萨的事宜进行正式的商谈。他们会给我一份长达 3 年的合约，而我有一个小时的时间考虑。一个小时！ 20 岁的我，挂电话后就在办公室里独自思索着。

当我终于能告知我的家人时，他们非常惊讶，而我却异乎寻常的开心。

我不知道能联系谁来给我建议，只能自言自语说：“我要去！”于是我就做了决定。当我终于能告知我的家人时，他们非常惊讶，而我却

---

① 意大利北部城市。

异乎寻常的开心。意大利人要我周二赶到，于是我前一个周日就踏上了旅途。在机场，我和家人飞速地道了别，快到我自己都没有意识到我要踏上另一片大陆。

在罗马飞往比萨的航班上，一名前来迎接我的工作人员教了我四句意大利语。比萨机场里摩肩接踵，他们都喊我“巴勃罗”而不是我的名字迭戈，可能是怕把我和马拉多纳弄混了吧。大家向我简要介绍了一下意大利，接着又带我去吃意大利菜。后来教练也来了，把我带到了球队的训练基地，安排我和另一个男孩住在一起。第二天，我就开始正式训练了。

我相信我在贝雷兹，和在我长辈那里学到的知识能够应付一切。

从我受邀去意大利，到第一次开始训练，前前后后只花了一周的时间。我不懂意大利语，但对生活的影响不大。我相信我在贝雷兹，和在我长辈那里学到的知识能够应付一切。在欧洲的初期，我靠着自己的坚忍、坚持，很好地适应了新的环境。

在意大利，一切出奇的顺利。加入球队的首场比赛就取得了开门红。紧接着，我又在主场面对莱切的比赛中打入了一粒精彩的进球，一切顺风顺水。我的父亲来这里小住了一个月，后来我又把母亲接过来陪我。在第一年里，我和家人走得非常近。在第二个赛季，我伤了跖骨[①]，但在养伤期间我依然飞速成长着。意甲联赛尤为复杂，但在贝雷兹和国家队学到的一切，帮助我渡过了一切难关。

---

① 构成脚掌的小型长骨。

作为队长的他理应在第一排，结果他迟到了。他从队尾一路打招呼走到前排。迭戈的走路方式不太像一名球员，是一种很难用语言形容的奇怪感觉。

在意甲踢球的时光就是我的好莱坞剧场，这里星光熠熠，有我最喜欢的球员们。我曾和那不勒斯的马拉多纳同场竞技，那种感觉实在是奇妙。在赛前的球员通道里，我没发现迭戈（马拉多纳的名字）的身影，作为队长的他理应在第一排，结果他迟到了。他从队尾一路打招呼走到前排。迭戈的走路方式不太像一名球员，是一种很难用语言形容的奇怪感觉。但不能否认他有着超凡的球技和坚毅的品格。我和他打了招呼，球场上我们也都踢了对方。

第五章　纷争岁月

从球员通道走向绿茵场是球赛中最棒的体验之一，那是一段通往未知的旅程。在那一刻，我把整个身心都投入在这奇妙的环境中，用身心去拥抱这瞬间的声浪、气味，就算百米之外引爆炸弹我都听不见。

从球员通道走向绿茵场是球赛中最棒的体验之一，那是一段通往未知的旅程。在那一刻，我把整个身心都投入在这奇妙的环境中，用身心去拥抱这瞬间的声浪、气味，就算百米之外引爆炸弹我都听不见。有些队友喜欢在球员通道里开开玩笑，但我需要集中精神。我攒足了精神要对付球赛中的每一次进球、每一次拼抢，我要比其他人更强。

对于我来说，球赛就是一场“战争”，我要在比赛中“杀死”对手。当然了，都不是字面意思上的。

对于我来说，球赛就是一场“战争”，我要在比赛中“杀死”对手。当然了，都不是字面意思上的。我要比对手跑动更积极，我要争得每一次对抗中的球权，所以我需要比他们更强壮。在球场上，我寸土必争。如果我能压制住对手，就会为球队带来更大的帮助，也会成为赢得比赛的功臣之一。

正如我之前所说，足球不仅仅是球场上的那一瞬，它关乎赛前的准备，关乎看待比赛的态度，更关乎球员们在场上的状态。当教练之后，我把这些想法努力灌输给球员们，因为我相信这对他们的人生大有裨益。足球，也是人生的一个缩影。

那些力争表现自己的球员，在我看来不是自私，而是他们想要依靠个人能力为球队带来胜利。

当我还是一名球员时，我就像是一个场上的“问题处理器”。对于场上发生的一切状况，我都会觉得我有职责去改善，因此我在场上算是特殊的一个，但起不到决定性作用。球队里的每一个人都要尽自己所能，在一对一的对抗中获胜。那些力争表现自己的球员，在我看来不是自私，而是他们想要依靠个人能力为球队带来胜利。可如果当他们的个人表现没办法帮助球队时，队友就需要出来接管比赛了。越多的队友可以分担同伴的压力，球队的表现就会越好。

接近目标时要绷紧每一根弦

当对手感到恐惧时，就是我将对手毫不留情地击倒的机会。在比赛之前，我从来不会感到害怕，无论我身为教练或是球员。是的，我觉得我太好斗，但我喜欢这种感觉，每场比赛都是如此。

足球就好像街头搏斗，你会在对手的眼神里看到最深层次的恐惧，可以感觉到那种发自肺腑的战栗。当对手感到恐惧时，就是我将对手毫不留情地击倒的机会。其实我不一定比对手更强，但我懂得掩藏自己的恐惧，或许这就是我精神层面的强大之处吧。在比赛之前，我从来不会感到害怕，无论我身为教练或是球员。是的，我觉得我太好斗，但我喜欢这种感觉，每场比赛都是如此。

想要有所取，必要有所付出，我付出的是我的专注。当我专注地比赛时，会获得源源不断的力量。在 2014 年率领马德里竞技战胜巴塞罗那赢得西甲冠军的最后一场比赛前，在诺坎普球场，我看到了我的球员们身上就有这种专注。小伙子们很紧张，都迫切地想为球队争得荣誉，毕竟这是千载难逢的机会。和对手巴塞罗那相比，我们的心态更为放松，只要有了足够的专注度，一时发挥的好坏都变得不重要了。专心踢球、忘我踢球，就是一名球员的最佳状态。

一位工作人员和我说，球员们不放松，他觉得很担心。我对他说：“他们是野蛮人！”球场上的斗士们理应这样。

在大赛之前，我很在意球员们的精神状态是否紧绷。有一天，一位工作人员和我说，球员们不放松，他觉得很担心。我对他说：“他们是野蛮人！”球场上的斗士们理应这样。

不过有的时候，事情也并非如此。在另外一场对阵巴塞罗那的比赛中，我们 1：2 输给了他们。在开局阶段，我们踢得非常好，把整场比赛控制在自己的手中。但在最后的 10 分钟里，我们给了对手太多的机会。巴塞罗那的球员们也抓住了机会连入两球。情绪的大起大落对球队也是一种打击。

这场比赛有些两极分化，在上半场我们取得了 1：0 的领先优势，在迟迟没有等到第二个入球时，我有些许着急。下半场，我鼓励他们继续进攻，球员们的热情也很高涨，但还是未能叩开对手的大门。比赛临近结束，球员们的士气开始逐渐低落，于是被对手抓住了机会。足球就是如此的戏剧化。

一座港口，一件球衣

年少的我经历了多次转会，每每都以自己的热情融入全新的环境。每次，他们都会给我一些机会来融入球队，尽管适应新环境很困难，但非常必要。

马拉多纳、奥斯卡·鲁格里，这些冠军球员是年少的我一直以来学习的目标。不需要他们对我言传身教，只要在更衣室里和球场上默默地看着他们，就是对我莫大的激励。

我认为适应新环境的到来非常必要。从比萨到塞维利亚，队友变成了比拉尔多和马拉多纳，这些都是我进军 1994 年世界杯的绝佳机会。比拉尔多发现了我，邀请我在 1990 年世界杯后加入他的球队，我当然毫不犹豫地答应了。后来当我们得知马拉多纳要来我们球队的时候，简直惊讶得下巴都快掉下来了。当时年仅 22 岁的我，可以说是看着他的比赛长大的，终于能在他身边一起踢球了。

马拉多纳、奥斯卡·鲁格里，这些冠军球员是年少的我一直以来学习的目标。不需要他们对我言传身教，只要在更衣室里和球场上默默地看着他们，就是对我莫大的激励。这么多年已然过去，当年的队友们没人说过马拉多纳的坏话，他就是这么一个伟大的队友。我和他之间有着太多的难忘回忆，在我离开家人的日子里，他让我的成长之路变得丰富多彩。

和马拉多纳一起踢球仿佛置身天堂，和反应如此迅捷的家伙一起踢球简直是一种享受。他总会出现在最佳的进攻位置，还能判断出其他人的下一步动作。当有队友的位置更好时，他会毫不犹豫地送出精妙的传球。要是他的队友能“下载”他的思路的话，真的是无往而不利了。马拉多纳是如此的与众不同，他是我曾经搭档过的最伟大的球员。他和贝隆，是比赛的完美解读者。

马拉多纳处理压力和责任的方法独具一格。和马拉多纳一起踢球，无论状态如何，都会赢球。

马拉多纳处理压力和责任的方法独具一格。和马拉多纳一起踢球，无论状态如何，都会赢球。因为他灵光一闪的表演就能用一己之力扭转局面，他真的是一个不世出的天才。他的能力让所有的对手胆寒，更会让对手所有的努力付诸东流。

说到球员的能力，我不禁问自己：足球世界里最重要的能力是什么？或许是一种完成其他人不能完成之事的能力吧。

说到球员的能力，我不禁问自己：足球世界里最重要的能力是什么？或许是一种完成其他人不能完成之事的能力吧。在不同的球员身上，我们都能发现这种特质，但毋庸置疑的，只有少数球员——比如马拉多纳和莱昂内尔·梅西——可以拥有如此多样且出众的能力。他们一旦在场上，队友和对手都知道，这是一张多么可怕的王牌。

在离开塞维利亚后，我来到了马德里竞技。第一年的境况真的是奇差无比。在第二年，教练和阵容的更迭让球队有了新的面貌。一位优秀的门将——何塞·弗朗西斯科·莫里纳——加入了我们。中场大将潘迪奇的加入让中路如虎添翼。教练组又为我搭配了何塞·路易斯·卡米内罗作为搭档，后来的事实证明，他的到来为我带来了更多进球。虽然球员不多，但个个都是精兵强将。这套阵容后来也帮助我们打破了巴塞罗那和皇家马德里在西甲的垄断，从此我们迈入了西甲强队的行列。

后来我去了国际米兰。第一个赛季就夺得了欧洲联盟杯。我和罗纳尔多做了两年的队友，在他受伤之前，状态稳定得令人害怕。可以说他是我见过的另一位超乎常人的球员，不仅仅是因为他的天赋，更因为他对足球的理解。

在国际米兰效力了两年后，我辗转来到了拉齐奥，在这里效力了4年之久。其实对于我来说，是不想离开国际米兰的，因为一切都是那么的顺利，但我没有选择，只能离开。维埃里成了我在拉齐奥的队友，球队也变得出众了起来。这是一座到处都是阿根廷人的城市。球队在前一个赛季的最后关头痛失冠军，球迷们期待我们的到来能重整旗鼓。球队的教练埃里克森非常棒，球员们可能不是很大牌，但非常优秀。最后我们赢得了联赛冠军，并夺得了欧洲超级杯和意大利超级杯的锦标，但没能将欧冠的冠军收入囊中。

但在职业生涯的中期，我也不会放松对自己的要求，随时准备为球队牺牲自我。

每到一支球队，我都会努力地适应新环境，为新东家奉献最好的表现。每当穿上一件新球衣时，我都会对自己提出更高的要求。或许在年轻时我就已经立志成为伟大的球员，但在职业生涯的中期，我也不会放松对自己的要求，随时准备为球队牺牲自我。

职业球员的业余行为

非常奇怪的是，我很少为阿根廷国家队出场。或许在贝雷兹的时候太年轻，之后我又去了欧洲踢球。直到我回归阿根廷竞技后，终于又披上了国家队的战袍。在欧洲，人们总觉得我一直是马德里竞技的一分子，的确，那是一座我真心热爱的城市，经常在街上看到球迷们穿着我的球衣。在马德里，我觉得自己还算是个名人。

球员们最喜欢的是足球，其次就是球衣。球迷穿着偶像的球衣表达了对一名球员的热爱，更会激励这名球员努力踢球。

球迷希望球员们时不时地放下专业的身段，他们希望球员可以为自己身披的战袍感到自豪。我一直以来都非常敬业，但骨子里还有些不成熟的地方。球员们最喜欢的是足球，其次就是球衣。球迷穿着偶像的球衣表达了对一名球员的热爱，更会激励这名球员努力踢球。为球衣而战是球员的一种表达方式，会赢得球迷更多的喜爱。在每支球队中，我都会做出一些为球衣庆祝的动作，不仅仅是为了俱乐部，更是为了球迷。

对于球衣的热爱不尽相同，或许在巴塞罗那你可以说，我热爱球衣是因为我喜欢巴塞罗那的模式。而与之相反的，到了皇家马德里，就更为功利一些。前者更擅长打造成长于斯的巨星。不过现如今，时代也变了。

第六章　掌控比赛

大多数球员的高光时刻都是靠着对手的失误送礼。

足球场可以被划分为数个区域，有些踢起来略有困难，有些简直就是深渊。用足球领域的专业用语来说，就是危险区域、准备区域和运动区域。在这些区域中，踢球的方式不尽相同，尤其是在更靠近球门的危险区域。在我看来，要尽量利用对手的失误运转足球。大多数球员的高光时刻都是靠着对手的失误送礼。

当你压迫对手时，他犯错的概率就更大，在更靠近球门的位置进行逼抢，会有更大的机会进球。

所有的运动都要将体力和智力相结合。或许长大后跑得更快，但小孩子总有着无限的奔跑精力，这样看来所有的问题都有解决的办法。

在比赛中，无人占据的空当更是危险地带。当球队全体压上进攻，这个区域的对方前锋就好像直刺球队咽喉的利剑。一旦丢掉球权，空虚的后场就如同邀请对方进球一样。另外，球迷也会对球员之间不默契的配合感到失望。当核心球员拿球时，无人保护的他一旦丢球，就会带来大麻烦。

丢掉球权是每名球员都会碰到的麻烦，这种感觉就好像在拳击中被绑住了双手。对于心浮气躁的年轻球员来说，丢掉球权是致命的打击。

当你成长了数年后，经验会告诉你如何应对，但总会带来一瞬间的心境变化。判断一名球员是否成熟，就要看他会不会犯和年轻时同样的错误。

所有的运动都要将体力和智力相结合。或许长大后跑得更快，但小孩子总有着无限的奔跑精力，这样看来所有的问题都有解决的办法。当你心浮气躁时，可能是你的精力、体力和热情过了头。稍微减一点儿动作的幅度和力量，就会起到控制心境的作用。如果一名球员过于专注和紧绷，他失控的动作很可能毁了团队合作。

在比赛中，我试着游走在判罚尺度的边缘，不时地试探裁判的底线。不同的裁判有着不同的判罚尺度，这在不同的联赛中更为明显。

在比赛中，我试着游走在判罚尺度的边缘，不时地试探裁判的底线。不同的裁判有着不同的判罚尺度，这在不同的联赛中更为明显。英国的裁判会容忍大部分的身体接触，可西班牙裁判认为微小的碰撞都是一次犯规。同样的规则，放到不同的联赛里，就造就了不尽相同的激烈程度。从数据统计中可以看到，英超裁判会让比赛更顺畅，而西班牙裁判会更多地干预比赛。所以当我们踢球时，需要根据裁判的尺度来决定拼抢的激烈程度，这关乎能否留在场上继续比赛。

球员生涯中，我只被驱逐出场过 8 次。不过在球员生涯的后 9 年，我学会了如何去控制自己，就从未被逐出场了。对于球员来说，知道如何不被驱逐出场很容易，但很多时候无法克制自己。有很多办法可以避免吃到第二张黄牌，比如说犯规后直接跑开，裁判可能会放你一马。我确定的是，很多时候球员可以克制自己，减少无谓的铲抢就是一个好方法。

我经常“邀请”我的球员们在不吃牌的情况下完赛，他们非常配合。在马德里竞技的前 160 场比赛中，我们没怎么被罚下过球员，4 年里可能不超过 10 名。

有些球员比别人更容易吃到红牌，比如中场球员，或许是因为他们距离裁判更近，或是在防守中压力更大。作为一名中场球员，你需要不停地奔跑来显示你的作用，同时更要克制你的侵略性，以免吃到黄牌或红牌影响球队。

我经常“邀请”我的球员们在不吃牌的情况下完赛，他们非常配合。在马德里竞技的前 160 场比赛中，我们没怎么被罚下过球员，4 年里可能不超过 10 名。

有人说橄榄球是骑士的运动，足球则不是。我觉得这样说并不准确，足球运动员中有一部分是具有骑士精神的。每名球员都拥有自己的性格和踢球方式，这都是因人而异的。足球和橄榄球中都有大量的身体对抗，但不意味着足球就同样暴力。这样的对比非常复杂，因为一个用手，另一个用脚；一个朝着一个方向奔跑，而另一个要向着所有方向奔跑。

从规则的角度来看，橄榄球更为严格，而足球则更为灵活多变，不同的裁判都会有不同的判罚。在我看来，球员们可以根据自己掌握的规则任意发挥，只要他有能力逃过裁判的法眼。在规则的灰色地带，球员可以凭借自己的能力占据优势。

意外之路

在比赛的 90 分钟内，球员们要各显其能。内马尔这类球员可以戏耍对手，让他们心浮气躁，从而导致恶意的犯规。但是这类球员的比赛风格就是如此，防守球员需要掌握这一点。

踢好球不是唯一重要的事，还需要利用各种方式，在各种处境下赢球，就好像我们的日常生活一样。

我和贝克汉姆曾在赛场上有些过节，需要表明的是，我当时真的不是要故意激怒他。或许有些人说我做得很流氓，但换作其他人呢？不知道会更好或更坏吧。足球比赛中，踢好球不是唯一重要的事，还需要利用各种方式，在各种处境下赢球，就好像我们的日常生活一样。取胜的方法有难有易，不过有时只有一条路可走。

独辟蹊径是球场上获胜的一大法门。或许你的左脚脚法很差，但面对面盯防你的对手右脚更差，这时候就应该集中注意力，攻其弱点。在球员踢球时，他的分析能力会被球场上的复杂环境干扰而变得迟缓起来。

当局者迷，旁观者清。作为教练，他在赛前会做一些准备，比如对球员们说："让对面技术差的防守球员压上。"这种话对比赛不起任何作用。对于有些球队来说，赛前的指导形同虚设。不过，赛前的预测和赛后的复盘一定要做。从录像中，可以教会球员下次面对同样的情况该如何选择技术动作，选择传球还是自己带球过人。不过这些都是建议，足球的世界里没有绝对的对与错。

捕捉对手的弱点是球员必不可少的素质之一，这也是一名教练要做的功课。场上的机会稍纵即逝，别人经常在赛后复盘的时候听到我懊恼地叫喊："这我怎么没想到！"往往教练们在赛前会在脑海中把比赛模拟上数十次，才能对比赛有一个整体的认识。这样看来，教练比球员看到的场上局面更为清晰。

高速运转的比赛逼迫着球员奔跑，也让他们丧失了一部分对比赛的洞察力。伟大的与平庸的球员的差距往往就在这里，在艰苦的比赛环境中，能通过头脑分析出自己的优势，才可以称为伟大。

了解自己

球迷们为我欢呼，我也为自己的优异表现感到震惊。但我没有因为掌声和喝彩丢掉注意力，以一记长传将球稳稳地转移了出去，那时我已经25岁了，不会再犯年轻时的错误。

当我还是马德里竞技的一名球员时，曾经有一次难忘的表演。我当时在持球推进，先是瓜迪奥拉过来盯防，后来瓦奎罗也来了，两人先后对我做了犯规的动作，但我没有倒下，将球护住，甩开了他们俩。这场以一敌二的较量以我胜出而告终。球迷们为我欢呼，我也为自己的优异表现感到震惊。但我没有因为掌声和喝彩丢掉注意力，以一记长传将球稳稳地转移了出去，那时我已经25岁了，不会再犯年轻时的错误。

足球可不是一门古老的学问，迅速的发展和高速的节奏让人无暇静静思索。在我看来，它糅合了生理学、物理学和生存的智慧，更仰仗着在无数次积累后形成的条件反射。在多年的训练后，球员的身体也会变得越来越聪明。比如说前锋的成长会带来更多的进球，边锋的传中会越来越好，中场球员的防守也是如此。射手们在年轻时跑得飞快，但经验的积累会让他们做更高效的移动动作，因为他们已经明白，与其在无意义的奔跑上耗费体力，不如寻找一击致命的瞬间。

我一点儿也不怀疑敏捷的思维会代替强健的身体。当球员的身体机

能下滑时，足球智慧的重要性就会凸显。

我一点儿也不怀疑敏捷的思维会代替强健的身体。当球员的身体机能下滑时，足球智慧的重要性就会凸显。曾经我读到过托雷斯的一篇采访，他说随着年龄的增长自己变成了一名更好的球员，开始学会有效率地奔跑，有目的地阅读比赛。这就是经验的力量。我可以肯定的是，足球运动员的成长是连贯的，起初是身体，接着是头脑，最后合二为一。

每个人都认为自己非常重要，觉得自己经验丰富、不可替代，但事实并不如此。

足球运动员初期要强健体魄，接着要丰富头脑。但令人惋惜的是，当一名球员的球商达到巅峰，他的身体机能已然衰退。一名球员要正视这种状况，哪怕因为身体的退化而被挤出首发名单。我总和球员们说，离开一家俱乐部不是终点，而是你转换踢球风格的新开端。

每个人都认为自己非常重要，觉得自己经验丰富、不可替代，但事实并不如此。最年轻的球员球风成熟，就意味着他要蚕食掉前辈的机会。懂得适时离开，也是一门艺术。

认识到这一点后，我毅然决然地离开了，虽然还抱着有朝一日回归这里的念头。

行伍中的老兵、球场上的老将，或其他行业中将被时代淘汰的人都有着讲不完的故事。但足球和生活都是现实的，只看当下。球员水平在大幅下滑后，他们的足球梦就只能留在回忆里了，如果这时还强行留在场上，对球队和队友都是不负责任的行为。

在我职业生涯的后期，虽然我觉得自己正值巅峰，但教练已经渐渐把我排除在主力阵容外，我决定离开马德里竞技。虽然我后来在阿根廷的一年半里表现不错，状态没有下滑，但彼时教练认为我已经不适合留在马德里竞技了。不仅仅是因为我的年龄，也可能是我的资历，教练认为在更衣室里不好处理和我的关系。认识到这一点后，我毅然决然地离开了，虽然还抱着有朝一日回归这里的念头。是时候离开了，落叶归根是个不错的选择。

我从未经历过如此多的失败，从未。但当有人问我是否打算重新当球员时，我还是给出了否定的答案。

这种离开方式还算体面，但生活总是会跟你开开玩笑。我认为自己会从球员走向教练席，但从未想过刚刚脱下战袍就去训练自己的队友。这就像我年轻时转会到比萨一样毫无征兆，引线刚点燃就爆炸了。不久后我就完成了作为教练的首秀，我们在一开始就开局不利，我也没能将球队带离降级的深渊。后来我从竞技队转投大学生队，6 个月后又错失了球队觊觎 25 年之久的冠军。紧接着，又到了河床[1]，苦苦挣扎 4 年后终于收获了第一个冠军。后来的情况又不太妙，只好再一次选择离开。

我从未经历过如此多的失败，从未。但当有人问我是否打算重新当球员时，我还是给出了否定的答案。为了当一名球员，我付出了太多，可当我脱下球鞋的那一瞬间，付出的似乎都回来了。或许我从小接受的教育让我继续从事体育行业，但我不会再做一名足球运动员，我明白，

① 阿根廷足球俱乐部。

如今我是一名专业的教练。

在我退役后，没有感到丝毫的悲伤，或许我是一名天生的教练吧。

在我退役后，没有感到丝毫的悲伤，或许我是一名天生的教练吧。在我二十六七岁的时候，我就有了随手记笔记的习惯。我发现我热爱教练这个职业。在我职业生涯的末期，我没有直接当场上的教练，因为我尊重更衣室里的权威。或许我的身体还在场上，但我已经开始用教练的场边视角审视比赛了。不过我从未挑战过当时教练的权威。

第七章　创造价值

我还记得我曾对自己说过这样一个道理，踢得好自然就赚得多。

通常来说，在底层打拼过的球员，总会有些物质上的难处。但他们绝大多数人都是因为那份热爱而踢球。足球运动员大多不太对自己的收入斤斤计较。到了 25 岁，当你有了正确的自我认识，认为自己值多少钱，再去考虑年收入也不迟。球员们踢球的动力不是钱，而是足球，我还记得我曾对自己说过这样一个道理，踢得好自然就赚得多。

一名专心踢球的好球员是无价之宝，我经常和球员们说要不忘初心。我们要珍惜当下获得的一切成绩，不要让它们在不经意间溜走。

对于刚开始踢球的年轻人来说，如何掌握刚到手的大笔钱财是个难题。如果一名球员没有长远的规划，很容易被大笔的金钱冲昏头脑。一定不要丢掉对足球的热爱，否则比赛的本意就会变质。当赢下 5 座奖杯后，就想赢下第六座奖杯，站到竞技体育的巅峰上，这才是我们踢足球的本心。

一名专心踢球的好球员是无价之宝，我经常和球员们说要不忘初心，不要得过且过，要时刻想着未知的困难。在我的率领下，马德里竞技的球员就做得非常好，他们每天都保持状态，追求进步。在大球会中这并不容易，因为要考虑到老板、委员会、工作人员和球迷等一系列干扰因素。我会要求他们尽量排除一切干扰，因为训练和比赛不会重来。我们要珍惜当下获得的一切成绩，不要让它们在不经意间溜走。

有人认为，日复一日的重复训练就够了，但我不这样认为，我经常会根据球员的身体素质、伤病和技术状况为他们安排不同的课程。一旦上场，就要全心全意，我总会要求小伙子们在球场上意志坚强。无论接下来会发生什么，球赛只有输赢。在赛程安排出来后，38 场比赛就像 38 场战役，我们是一个战壕里的战友，向着联赛冠军冲锋。不能有人掉队，因为一旦有人泄了气，其他队友身上的担子就会更重。每个赛季我都要求一场开门红，第一圈开始我们就要领跑，这样就算中途有些困难，我们还是占得了先机。

抓住一束微弱的光

我和马德里竞技之间有着说不清的故事，我自认为是合格的球员和教练，因为我以两个身份都拿过冠军。但我想要更上一层楼，那就是让人们永远铭记我。路易斯・阿拉贡内斯虽然离开了，但他的事迹依然被人津津乐道。卡洛斯・比安奇永远留在博卡青年球迷的心中。他们都是我要学习的榜样。

之前我以为会执教从未接触过的新球队。

有时我会扪心自问，为什么我如此幸运，可以担任马德里竞技教练数年。之前我以为会执教从未接触过的新球队。当我以球员身份离开马德里竞技加盟竞技[1]时，我已然打算退役，转行做一名教练。在西班牙，我就开始了教练课程的学习，后来在阿根廷毕业。

大环境是可以用来借势的，要懂得如何利用时局中的机遇。

在结束教练课程后，我就梦想着回归马德里竞技，因为这里有着游子归乡的传统。当我得知有机会回归时，却不占地利，可以说还有些麻烦。从拉美到欧洲，足球风格迥异，而且马德里竞技还是一家豪门。好在我还有天时与人和，马德里竞技当时战绩不佳，我的回归不太像一名新教练到任，而像为球迷树立了他们急需的精神图腾。

大环境是可以用来借势的，要懂得如何利用时局中的机遇。在岁月中，我们可以发现机遇一直存在，只要用心寻找、经营，就可以加以利用。或许这么说很多人会觉得疑惑，但事实的确如此。不要让机会溜走，它会自己送上门来，可能区别仅仅在于时间先后。人生在世，要寻求属于自己的机会，也要等待那些不期而遇的瞬间。

我在竞技的教练首秀抓住了一次准备好的机会。在球队遇到困难的时候，我挺身而出了。但大家不知道的是，我在球员阶段就两次被邀请担任主教练，之所以拒绝是因为我更希望继续踢球。在第三次收到邀约的时候，球队已经处于崩溃的边缘，其实我本可以继续拒绝，因为球队在前四场比赛中只获得了两个积分，继续这样的话我们肯定会降级。

对于竞技队的教练一职，对我来说不算新鲜，也没有令人害怕的挑

① 即前文提到的竞技队。

战。因为一来到这里，我就将我的未来规划好了，那就是担任教练。首场比赛便是德比[①]，阿圭罗用两粒进球让我的首次亮相黯淡无光。第二场比赛又 0：1 输给了奥林匹奥，上半场我们获得了一个点球，可卡普里亚击中了横梁。第三场比赛，我们又一次失利了，这次是 0：3 不敌大学生队。当时的情况是 3 人受伤，仅有 8 人还能在场上比赛。这是我经历过的最艰难的状况。不过我还是说服自己，为了球队考虑，继续肩扛这份责任。

困难是所学校

困难是最好的学校。当你身处困境时，会学到最多的东西。

永远不要放弃在危机中学习的机会，困难是最好的学校。当你身处困境时，会学到最多的东西。正如我之前所说，竞技队处境危急，更要求我在技战术准备上有所变革。那段时间，我会把所有的新想法讲给队员们听，让他们对未来充满希望。

记住这一刻的失败，忘记的人这辈子都只会是个软蛋。

一家豪门开始没落时，总有人先行逃离。有人去了河床、解放者、圣洛伦佐……但我没有选择离开。身处其中的我没法撂下担子，只能带领球员挨过最艰难的时刻。后来我们又 1：2 输给了国民体育，虽然那

① 两支位于同一地区（此处指阿根廷）的球队之间进行的对抗。

场比赛中我们拼尽了全力，但还是没能取胜。在赛后，我茫然失措地对球员们说："小伙子们，记住这个时刻吧，我们不会再有这样的日子了。你们踢得很好，继续努力，继续战斗。记住这一刻的失败，忘记的人这辈子都只会是个软蛋。"之前我就说过，荣誉和成绩一瞬间就会溜走。

讲话的时机

如果在错误的时候说了错误的话，你就会永远地失掉一些机会。

在足球比赛中，有很多可以说话的时候，但你需要掌握时机。如果在错误的时候说了错误的话，你就会永远地失掉一些机会。个人生活中也是这样，作为领袖的你一旦说错话，就会永远地丧失自己的权威。作为一名教练，你需要审时度势，选择在恰当的时候和球队进行有效的沟通。

错误的时候说错话对生活的影响略小，因为节奏比球场上慢一些。但瞬息万变的足球世界就需要你精准地掌握说话的时间了。

后来一位球员对我说，应当提前给球员们鼓劲儿。

2006 年，我执教大学生队时在点球大战中输给了圣保罗。在前任教练的率领下，我们已经赢下了首回合的比赛。这场比赛是我第一次执教解放者杯的比赛，之前也仅有 14 场执教竞技队的经验。至今我还记得费尔南多·尼恩布罗对我的批评——大学生队是支好球队，球员出色，但教练太嫩。

我们进行了一个月的充分准备，终场时的比分是 0∶1。点球大战中，我们仅仅打进两球。

比赛结束后我径直走进了更衣室，小伙子们士气消沉，痛失解放者杯对我们来说是个巨大的打击，因为已经整整 25 年大学生队没有获得解放者杯了。看到他们低沉的情绪，我立刻喊了起来："听着！我们会是冠军的！今天的比赛是教训，以后我们必定是冠军！"球员们用一种看疯子的眼神看着我，仿佛在说："这疯子说什么胡话呢？"说者无意听者有心，在接下来的阿根廷杯中，我们 7：0 血洗了国民体育队。

这场大胜让我松了一口气。后来一位球员对我说，应当提前给球员们鼓劲儿。对于他的帮助，我至今仍有谢意。但还有些事我无法预知，这些年来，我一直避免犯错，却不知道可能有些祸根早已深埋。还有就是要认真听取意见，因为球队是一个整体，从外人的角度很容易看出问题，但球员和教练可能会坚持自己的立场不愿改变。

千万不要轻敌

我之前倡导的侵略性在这场比赛中全部消失不见，更让我烦心的是，球员们的轻敌情绪让整场比赛变得索然无味。

唯一会让我发疯的是球员的轻敌，我觉得那是一种傲慢与侮辱。轻视对手的人，迟早要付出代价。在大学生队的一场比赛中，我们主场迎战来访的新芝加哥队。糟糕的场地状况预示着这是一个糟糕的夜晚。我们早早就取得了两球的优势，但浪费了近 20 次打入第三球的机会。在比赛仅剩 10 分钟的时候，我们被扳回一球，最后 2：1 取得了胜利。看起来只是一场普通的胜利。但当我们回到更衣室后，我对我多年的同事佩佩·帕斯克斯说："关上门。"正在这时，球队的主席胡里奥·阿莱格里也走了进来，做了同样的事。

我之前倡导的侵略性在这次比赛中全部消失不见，更让我烦心的是，球员们的轻敌情绪让整场比赛变得索然无味。他们就好像逗弄猎物的猫科动物一样。如果仔细观察的话，就会看到这种情绪会快速传染，足球被他们变成了一项道德败坏的运动。在我发完脾气后，球员们迅速离开了。

散漫的动作绝不会出现在专心比赛的球员身上。

我当过多年的球员，熟知球员在轻视对手时会有怎样的动作。散漫的动作绝不会出现在专心比赛的球员身上。当我作为教练看到这一幕时，根本无法容忍，我不敢想象这是我带出来的队伍。如果换作梅西的话，他会争取第八个、第九个进球，不会戏耍任何人，直奔球门而去。

专注比赛和戏弄对手有着重要的区别，向着球门冲锋和消极比赛则是截然不同的比赛态度。就像我之前所说的，内马尔花哨的脚下技术是他赖以生存的资本，这就是他踢球的方式。不过当他甩开对手后，很少再去羞辱对方。我希望这是一段插曲，就像世界杯上我和贝克汉姆的那次冲突一样。一次单纯的身体对抗，最后却变了味道。是我故意要让他被罚出场的吗？当然不是。诚然，我在那场比赛中取得了胜利，但我并没有任何不敬或暴力的情绪在里面。

细节最重要

有的人能从蛛丝马迹中看到一整个世界。在 1993 年美洲杯决赛阿根廷对阵墨西哥的比赛中，我就上演了这样的一次表演。

当时我们正在推进反击，我和巴蒂斯图塔在百分之一秒的眼神交会中明白了对方的跑位，也在这短短的一瞬中决定了洲际冠军的归属。当时我正沿着边线带球，发觉他的目光后，我用比手还灵活的双脚做了一个假动作——一个竞技体育中难得一见的优雅假动作。

第八章　学会组织

在所有的工作中，无规矩不成方圆，有秩序才能有所建树。自由和责任二者要有各自的界限。对于我来说，教练要明确地掌握球员的各项能力。马塞洛·贝尔萨是一名非常有责任心的球员，可我从未见过他有任何个人的闪光点。我们的工作就是去解读足球，我认为，规划良好的球队会快速提高球员的能力，但实际上，每个球员都抱着玩的心态。他们似乎认为场上就不需要教练，不需要教练逼迫他们变得功利。

足球运动员天性热爱自由，一旦拿到了球就更加无拘无束。但放任球员胡闹丢掉球权是教练们不能容忍的，因为争夺球权就意味着球队要开展大量的工作。

足球运动员天性热爱自由，一旦拿到了球就更加无拘无束。但放任球员胡闹丢掉球权是教练们不能容忍的，因为争夺球权就意味着球队要开展大量的工作。我认为，个人英雄主义在适当的时候要为集体让步，球员要减少个人的杂耍秀。不过这个观点我仅仅是保留在自己的脑海中，巴塞罗那这样一个活生生的反例就让我哑口无言。在丢球后，巴塞罗那的大牌球员们会就地压上进行反抢，那些天才们会为自己的丢球行为负责。

丢掉球权不意味着球员们可以减轻压力了，除非你在广场上踢球，否则在场上没有任何空闲的时间。甚至在广场上踢球你都得倾尽全力，不然就要面对朋友们的怒火。当你拿到球权时你有权选择最好的方式进行处理，但一旦丢失球权，就需要全队一起努力夺回它。

我倾向于主动了解我的球员，越了解他们，就越容易带来胜利。

自由与责任之间，经常会引发旷日持久的讨论。球赛的进程基于球员的表现，但许多教练喜欢从其他球队直接复制成功经验，这当然不可能成功了。问题出在教练没有搞明白球员的定位和比赛方式。我倾向于主动了解我的球员，越了解他们，就越容易带来胜利。不过也不能将我的想法套用在别人身上，每个人的目标都是赢球，每个人也有自己的方式。

比赛中的失误

我没办法代替球员训练，只能根据他们的水平为他们制定战术。

在一场比赛之后，对手的教练向我道贺，但他说："我不喜欢你们球队踢球的风格。"那场比赛中，他们球队以 0：2 落败，两个丢球都是后场传球失误造成的。话说回来，我没办法代替球员训练，只能根据他们的水平为他们制定战术。诚然，训练球员是教练的重要工作之一，但这项工作不能急于求成。

但不要忘了，足球比赛中本身就充满着失误，哪支球队犯错越少，它的表现就会越稳定，就越有可能获得胜利。

举例来说，防守反击是一个很好的战术，但球员如果不能遵从你的安排，或个人能力不足以推动反击，球队就会落到一直被动挨打的局面。当然，也可以选择让球员学习这项技能，但有可能在比赛中付出一定的代价。如果有人愿意承担这项责任，那就去做。但不要忘了，足球比赛中本身就充满着失误，哪支球队犯错越少，它的表现就会越稳定，就越有可能获得胜利。

巴塞罗那在比赛中为我们奉献了视觉的盛宴，但很难复制。

击溃对手是赢得比赛的真谛，我的意思是迫使对方犯错，而不是等待对方犯错。最好的进攻就是稳固后方。巴塞罗那在比赛中为我们奉献了视觉的盛宴，但很难复制。瓜迪奥拉麾下的拜仁慕尼黑这样的强队，也没能复制巴萨的团队合作。防守中抢夺球权就是为进攻进行准备。在防守中，不要抱着死守的态度，在断球的瞬间就是进攻的开端。因为对手在丢球的刹那，防守兵力肯定是不足的。在场上的任意位置断球，都是进攻的开端，无论是对方的半场、己方球门前，还是中场区域……

如果有人说所有的教练都想进行高位逼抢，他一定在说谎，球员的体力不足以支撑 90 分钟的高压防守。

如果有人说所有的教练都想进行高位逼抢，他一定在说谎，球员的体力不足以支撑 90 分钟的高压防守。球队需要根据自身的比赛策略和对手的状况来适时变换战术，何时该收、何时该抢是一门学问。不能不顾事实，只按自己准备的战术板比赛。在瞬息万变的球场上，需要及时判断何时该前压，何时该退守。

每一位教练都在揣摩对方球队的想法，但这样会打乱你之前的战术安排。在马德里竞技执教四年半以后，我才开始思索这个问题。这时我发现，能在一家踢过球的球队执教是一件多么幸运的事，因为我们熟知这里的球风，知道球队一直以来的防守风格。但对手也开始研究我们：在第一落点之后去压迫第二落点，让我们的后卫和中场球员手忙脚乱。

进行压迫防守其实不难，因为比赛中很容易进行一对一的盯防。反而是防守反击更难一些，因为很难处理好第一下的传接球，换句话说，攻守转换是个难点，很少有球队能做好。如果有哪些球队做得不错，请告诉我，让我有一个学习的机会。总而言之，在球赛中少丢失球权才是重中之重。

善于听取建议

如果一名球员提出了一条有价值的建议，我就会采用它。

灵感可不是凭空蹦出来的，我愿意听取任何有建设性的意见。如果一名球员提出了一条有价值的建议，我就会采用它。当然，这种情况不太常见，但一定会有。球员们一旦有意见，绝对是非常宝贵的，因为他们是球场的主人。如果他们和教练关系融洽，真的是球队的幸事。

作为一名教练，永远不犯错是不可能的。球队属于大家，我不是那种独裁的教练。

如果一名球员把自己孤立起来，作为教练，就应该试着了解他的想法，提出合理的建议。我还会和其他球员谈谈，让他们帮我来改善这种状态。

在取得权威方面，我从未碰到任何问题。输球或者听取球员的建议都不会让我丢掉权威。作为一名教练，永远不犯错是不可能的。球队属于大家，我不是那种独裁的教练。

好球员会理解一切

巨星们大部分都很聪明，不会为球队带来问题。只要把他们放在合适的位置上，他们就不会带来任何的矛盾。我对球星们说，你们是男孩子的偶像，要正确处理这种压力。除了那些表现亮眼的巨星们，还有一些隐形巨星，比如说塞尔吉奥·布斯克茨，大家甚至不太会在意他在场上的表现，但他总能用自己的方式掌控比赛。

> *布斯克茨是一名绝对的巨星，他掌握着巴塞罗那踢球的节奏，是在对方半场施压的重要支点。*

布斯克茨是一名绝对的巨星，他掌握着巴塞罗那踢球的节奏，是在对方半场施压的重要支点。对于球场上的空间，他有着超凡的理解。凭借着不可思议的反应速度，他可以在第一时间帮助队友补位。培养这样一名球员非常困难，何况他还能非常干净地夺回球权。当他断球后，又可以在第一时间发起进攻。巴塞罗那的队员在抢球时是在防守吗？当然，但这种防守更是进攻的起点。如果是在对方的半场，疾风迅雨般的反击就会接踵而至。

布斯克茨是一名纯粹的团队球员，之所以不像其他人那样光彩夺目，是因为他承担了最繁重，同时又最不出彩的工作。他在 25 岁的年龄就拥有了 40 岁的阅历，至少值一亿欧元。

隐形的努力，用结果说话

这是比拉尔多的足球哲学之一。曾经有人问他如何看待足球，他说：“有一天我在医院里看到了一位医生，他走到手术台前，唯一能让他满意的结果就是病人康复。足球比赛也是这样，只有胜利才算数。”

球迷们最想要的当然是胜利，其他的都只是谈资。球迷们不会分析策略，不会关心进球需要多少道“工序”——他们只想看到赢球。曾经有球迷问过我，让球员拼命训练是不是有些残忍？其实我觉得一点儿都不残忍，训练就应该这样。就好像一名医生，在做心脏外科手术时，一定要力争完美，但很少有人知道完美背后的付出有多大。

可手术一旦出了差池，病人就会死，手术做好了，大家会认为理所当然。能让病人活下来，也就是取得胜利，是教练们最关心的问题，这是比拉尔多[1]的足球哲学之一。曾经有人问他如何看待足球，他说：“有一天我在医院里看到了一位医生，他走到手术台前，唯一能让他满意的结果就是病人康复。足球比赛也是这样，只有胜利才算数。”

在球迷看球的时候，总会有一些瞬间想要做一名真正的球员，所以观看真正的球员的比赛也是他们寄托这种情感的方式之一。

---

① 由妇科医生转行的国际著名教练。

球迷们不是专业的评论员，他们凭借的仅仅是热情和对主队获胜的希冀，很难理解教练们的做法。教练们有时会听取或拒绝专业评论员的建议，因为他们是真正懂行的人。

球迷们可能不理解我的工作，只是想看到球员们走入球场的身姿。在球迷看球的时候，总会有一些瞬间想要做一名真正的球员，所以观看真正的球员的比赛也是他们寄托这种情感的方式之一。

或许大家不会相信，我一点儿都不想出名，只想舒舒服服地做我自己的工作。如果有人问我在踢了一场好球后想要获得什么奖励，我会笑着说不，我想要的只是赢球，并不在乎别人对我的奖惩或看法。在马德里，曝光率比往常更高，不过好的战绩会平复一些议论。

就像我不喜欢被奖励一样，我也不太喜欢奖励我的球员。但他们是我最好的投资，所以我妥协了，会尽量为他们提供最好的保障，也会激励他们不断进步。

第九章　赢得比赛

夺冠的道路上永远荆棘密布。每当你与成功仅一步之遥时，新的挑战也会应运而生。

夺冠的道路上永远荆棘密布。每当你与成功仅一步之遥时，新的挑战也会应运而生。在 2014 年我率领马德里竞技夺冠的那个赛季，当我们在还剩两轮的时候输给了莱万特，夺冠的希望变得渺茫。如果这场比赛胜利的话，我们就可能在下一轮对阵马拉加的比赛中提前夺冠了，但可惜的是我们输掉了比赛。后来因为皇家马德里在最后两轮战绩不佳，我们才得以保住联赛冠军。过程有惊无险，但输给莱万特真的让我惊出一身冷汗。

我没办法搞清楚球员在想什么，只能通过他们场上的表现进行观察。如果有些队员的表现没有达到预期，就要给他积极的心理暗示，鼓舞球员好好表现。

联赛是一项长期经营的工作，需要你用一年的时间来经营。杯赛则不然，2015 年我们跻身欧冠联赛时又是另外一种心情。当你即将抵达漫漫征程的终点时，回忆起之前的努力，总是百感交集。紧接着，又会为未知的前路担忧，过度的兴奋会让你的心从嗓子中跳出来。每次在即将夺得任何锦标的赛前，我都要提醒球员们小心谨慎，让他们对得起之前的努力。我没办法搞清楚球员在想什么，只能通过他们场上的表现进行观察。如果有些队员的表现没有达到预期，就要给他积极的心理暗示，鼓舞球员好好表现。

在重大的比赛中，时常会涌现出天才球员的高光时刻，他们选择相信自己，凭一己之力赢得比赛。这样做需要极大的勇气和责任心，可能当时他们心中想的只有踢好足球吧，想着快速进入状态，帮助球队拿下比赛。

这是我们最难熬的一段准备时光，无论输赢都要先等上一段时间。

俱乐部管理层如果做了什么决定，都不会带来灾难性的后果，只是做了一点点的改变罢了。有时候可能需要根据改变和所有人谈谈，而有的时候最好保持沉默，审时度势是非常重要的。

变化发生在和皇家马德里的欧冠决赛中，这是一场事关生死的比赛，只需一场就会决定冠军的归属。如果我们输了，不会像联赛一样可以在下一周追回积分。在 2014 年的联赛中，我们击败巴伦西亚将冠军收入囊中后，就开始为欧冠决赛备战了。这是我们最难熬的一段准备时光，无论输赢都要先等上一段时间。

仅仅因为第九十三分钟的一个小小的失误，就葬送了即将到手的冠军。但他们真的已经竭尽所能了，我不能对他们的努力视而不见。事到如今，接受失败、祝贺对手才是唯一能做的选择。

在输掉欧冠决赛后，我反而变得冷静下来。我看到了球员们在努力超越自我，仅仅因为第九十三分钟的一个小小的失误，就葬送了即将到手的冠军。但他们真的已经竭尽所能了，我不能对他们的努力视而不见。事到如今，接受失败、祝贺对手才是唯一能做的选择。现实是残酷的，我还记得我在新闻发布会上为对手鼓掌。我不会逃避输球的现实，逃避就意味着对自己和他人说谎。

说到我喜欢的赢球方式，就是比对手多进一个球就好了，或许有人觉得这太浅白了，但的确是真理。

求胜心切让每一次失利痛苦不堪。说到我喜欢的赢球方式，就是比对手多进一个球就好了，或许有人觉得这太浅白了，但的确是真理。我们想要取胜，或许过程有千百万种，但万变不离其宗的，就是要至少比对手多进一个球。

但如果球员们对困难做了充足的准备，齐心协力共渡难关，困难就会小很多，当然做到这点并不容易。

想要赢球，就需要对一切状况做好打算。贝尔萨说，球员要会踢逆风球。在 90 分钟的比赛里，或许一方会先掌握 20 分钟的主动权，紧接着对方再掌握 15 分钟，紧接着主动权再次易主。拼的就是哪一方能将主动权转化为进球。

所有的足球文章都会指出，强大的执行力是一支球队在场面被动时不被打垮的重要因素。如果团队合作变少，难熬的时刻就会变得更难熬。但如果球员们对困难做了充足的准备，齐心协力共渡难关，困难就会小很多，当然做到这点并不容易。

适时离开

离队要经过冷静的深思熟虑，当我离开河床的时候，一位教练组的工作人员说，我的计划很宏伟，没办法很快见成效。

成功或失败是个复杂的话题。一个生活失败的人也可以获得事业上的成功，虽然各方面会受到一些影响。但可以肯定的是，如果走了弯路，状况就会急转直下。在河床担任教练时，我就用了错误的战术体系。作为一名教练，反省过去所犯的错误代表着成长，那些负面的经验中会有有价值的方面丰富你的头脑。可是球迷和球队高层不会为你的错误买单。

离队要经过冷静的深思熟虑，当我离开河床的时候，一位教练组的工作人员说，我的计划很宏伟，没办法很快见成效。不过长痛不如短痛，一旦决定就不要回头。

我和他们解释说，球场上我们已经失败了，无论我如何说服自己，总是逃避不开失利的现实。

在河床，我留下了足够多的故事。在南美杯上，我们首回合 1：2 不敌主队，但在第二回合的上半场就 2：0 领先，不过后来浪费了太多机会还是惨遭淘汰。在比赛失利后的第二天，我和管理层在午饭时表露了离开的决定。

这个想法其实早就在我的脑海中萦绕，每当我看到小伙子们在场上拼命时，就觉得这样高强度的比赛是一种消耗。在墨西哥的历练让球员的体力和技术上了一个台阶，我们也曾经看到过赢取奖杯的曙光，但最终美梦还是破碎了。正如之前那位教练说的，我们在球场上没有取得成绩，所以也到了我离开的时候。

通知了球员们这个消息后，我就径直回了自己的房间。大概过了 15 分钟，12 名球员敲响了我的房门，试着劝说我留下来。我和他们解释说，球场上我们已经失败了，无论我如何说服自己，总是逃避不开失利的现实。我也告诉他们，离开的决定对我、对球员都是一个正确的选择，是时候选一位新的主教练把他们带上正确的轨道了。

训练场上运转良好的体系，在赛场上也可能会出问题。原因有很多。

训练场上运转良好的体系，在赛场上也可能会出问题。原因有很多，有时是缺少了教练近距离的监督，球员没有按照既定的战术进行比赛；可有时就算是球员原原本本地按照教练的要求做了，也没有达到想要的结果。在第一种情况中，教练可以选择离开或更换球员；但第二种情况就很麻烦，球员和教练都付出了卓绝的努力，却没有达到预想的效果。这时候就应该做我当时的决定：“我走了，对大家都好。”

第十章　领袖群雄

我认为越年长的球员就越需要强势的教练来管理，训练的目的是最终上场比赛，把教练的想法付诸实践。

在教练和球员之间，有一项最基本的差别，那就是关注点的不同。球员的关注点是足球，而教练要把注意力放在球员和比赛上。这样说可能有些宏观，在我看来，教练看的就是全局。这种差别和年龄的增长有关，当你还是个孩子的时候，只想着踢球，随着时间的流逝，想法也在慢慢变化。现在我关注的是每一次的训练和球员的专注度，有些球员会把每一场训练都当作比赛，另一些球员则达不到这个要求。我认为越年长的球员就越需要强势的教练来管理，训练的目的是最终上场比赛，把教练的想法付诸实践。在一些训练中，理解力和协作能力尤为重要，那些听从教练安排的球员更容易找到自己的位置。这样的球员总会和教练说："我会尽力的。"

在我的脑海中，那些历史长河中的伟大球员都有着伟大的力量。不过我依然认为，话语的力量是危险的，比球场上的行为更危险，因为十分容易被误解。

性格的成熟会改变人的视角。有经验的球员和教练会注意到场上的细枝末节，并将它们加以利用。当孩子们踢球时，他们想到的只有抢球、护球、进攻。事实上，经验的积累为一名球员带来的是更宽广的视野。

在我的脑海中，那些历史长河中的伟大球员都有着伟大的力量。当马拉多纳这样伟大的球员在队中时，完全可以提前宣告这场比赛的胜利，因为他总会在比赛中的某一刻爆发。不过我依然认为，话语的力量是危险的，比球场上的行为更危险，因为十分容易被误解。

对于我来说，我更喜欢把这种“权力”当成我的日常工作，我为了俱乐部而对球员行使权力。

俱乐部赋予教练管理一个集团的权力，但我不太喜欢这权力，因为领导他人就意味着你要变得更加严格，树立凌驾于他人之上的权威。一旦权力被滥用，就极其危险了。

对于我来说，我更喜欢把这种“权力”当成我的日常工作，我为了俱乐部而对球员行使权力。当然了，我手握着可以令上百万人开心或痛苦的权力。幸运的是至今我没有发现这种权力偏离轨道。一个集团的运转离不开集体的努力，日积月累的工作让我发现，我只是系统里普通的一分子，并没有什么特殊的地位。

在球员阶段，我有幸见证了一支冠军球队的诞生，也见证了俱乐部对教练施加过多影响后王朝的坍塌。所以，我很少提及权力，而更多用领导力代替。

在球员阶段，我有幸见证了一支冠军球队的诞生，也见证了俱乐部对教练施加过多影响后王朝的坍塌。我们不仅丢掉了冠军，还因为这种无形的压力让球队丢掉了未来。我在日后的工作中，一直极力避免重蹈覆辙。所以，我很少提及权力，而更多用领导力代替。

或许拥有权力的感觉很美妙，但它从来不专属于任何人。我不知道“权力”会在哪一瞬间消失，或者会招惹什么祸端，所以我更喜欢锻炼自己的领导力，这是一个人内在的精神力量之一。

权力更迭频繁，没人能一直把持不放，总有被踢下王座的那一天。或许拥有权力的感觉很美妙，但它从来不专属于任何人。我不知道“权力”会在哪一瞬间消失，或者会招惹什么祸端，所以我更喜欢锻炼自己的领导力，这是一个人内在的精神力量之一。

我是一个有领导力的人，却不知是何时拥有的，当我年龄尚小时，它就在我的体内了。有很多人曾教过我或向我学习领导力。

我是一个有领导力的人，却不知是何时拥有的，当我年龄尚小时，它就在我的体内了。有很多人曾教过我或向我学习领导力，但如果现在你问我：“你是怎么做的？你的领导力是怎么形成的？”我不知道该如何回答，事实上，可能是通过我一直以来的做法慢慢形成了领导力。

从第一分钟开始战斗

当你踏上一段漫长的征程时，一定不要低估开局的影响。一旦不重视初期的规划，就会在后面的计划中处处受制于人。

当你踏上一段漫长的征程时，一定不要低估开局的影响。一旦不重视初期的规划，就会在后面的计划中处处受制于人。万事开头难，欧冠如是，普通比赛亦如是，永远不要放弃第一分钟、第一秒钟，不然可能会花费更大的代价。

有一次在马德里竞技的训练中，我对费利佩·路易斯讲："你知道输赢的差距是什么吗？就在于你在开局阶段是否抢占先机。"一旦你掌握了开局，就很有可能获得胜利。拿球的一方想的是如何进攻，而防守的一方则要想得更多，如果没抢下球，对防守方的打击非常大。

冠军的征程，从第一场比赛的第一分钟就已开始，除非你已经提前放弃。

冠军的征程，从第一场比赛的第一分钟就已开始，除非你已经提前放弃。事实上，比赛的每一分钟都有着不同的意义。上半场比赛与下半场不同，在欧冠或国王杯的资格赛中，第一轮与第二轮也不同。第一轮都是纯粹的比赛，但第二轮或主场或客场，都要根据第一轮比赛的结果来制定不同的战术，第一轮比赛会决定第二轮的走向。

每一场比赛的前几分钟，都会决定整场比赛的走势。当两队正面交锋时，处于一种竞争的关系，所以一定要考虑一系列关键因素：环境因素、球员心态、对手的战术，甚至是对手阵中的球星。我不是在列单子，显然这些都是球队在比赛中要面对的问题。

在准备比赛的阶段，我就要通过这些方面来分析对手的弱点。

在准备比赛的阶段，我就要通过这些方面来分析对手的弱点。正如我之前所说，准备一场比赛要提前好几周开始，这样才有时间武装到牙齿。在比赛开始前，我的教练组成员会在更衣室里讲上五六分钟。我希望带着充足的情报开始比赛，这样我的球员们就可以在思想上有所准备，可以在攻防两端好好地利用他们的才华。

每一次比赛对于大家来说都是一个进步。现如今的媒体有着巨大的能量，所以新闻发布会的召开宣布了比赛已经开始。我不知道现代足球里是否有间谍，但每场比赛之前都会有人来兜售赢球的策略，我也搞不清是基于事实或“卧底”得来的消息。

有人认为比赛在球场上才算开始，但我认为更早一些，周日的比赛往往在一周以前就拉开了帷幕。举例来说，我们将要和上一场踢得不好的对手进行比赛，他们可能会试着在我们身上拿分，或者放弃，这都是在比赛之前就应得到的信息。或许这不是技术层面的信息，比如说要攻击对手薄弱的侧翼之类，但这样的准备工作，加上技术上的准备，会为周末进行的比赛提供同样的帮助效果。

比赛已经开始，我就不会再关注之前的计划。我不需要去验证我的推论，因为毫无意义。我需要的是去关注那几名核心球员的表现。

比赛已经开始，我就不会再关注之前的计划。我不需要去验证我的推论，因为毫无意义。在排兵布阵方面，我不太会进行赌博。我需要的是去关注那几名核心球员的表现，比如防守球员是否能够抢回球，进攻球员能否组织起有效的进攻，通过几个人的表现我就能看出球队在接下来的比赛中的走势。如果这几名球员踢得较差，我就要准备对策了。这样的情况不一定会导致失利，但一定会让球队在接下来的比赛中陷入麻烦。教练和其他球员这时一定要做出应对。

难易各异

从赛前新闻发布会到队长挑边，比赛本身所积蓄的热情和能量蓄势待发。球员和教练做的所有准备工作，都将在场上一一体现。

准备一场比赛就像准备一场变幻莫测的越野跑。事实上，我们的成功取决于各个步骤。每一项任务所占的比重不同，甚至我们都不清楚哪项更重要。但我知道，每一毫米的差距都关乎最后能否胜利。

从赛前新闻发布会到队长挑边[①]，比赛本身所积蓄的热情和能量蓄势待发。球员和教练做的所有准备工作，都将在场上一一体现。

这样，球员们就不会在发布会上说不该说的话。但如果你在周末和球员们谈话，嘱托就会和周末一样一去不复返。

我初到马德里竞技时，一如在阿根廷一样，会在周二的赛前发布会前和球员们谈谈，我的球员们可以从我的话中听出需要遵循哪些规矩。有的话可能没有明说，但球员们会清楚底线在哪儿。这样，球员们就不会在发布会上说不该说的话。但如果你在周末和球员们谈话，嘱托就会和周末一样一去不复返。

每当我到达一支新的球队，就要和车辆管理员、司机、门卫这些人先聊一聊。在球员时代，我从未和马德里竞技的工作人员如此深入地聊

---

① 开球点由双方队长猜主裁判手里的硬币，猜中的选场地，没猜中的开球。

天，这种体验让我对这支球队有了全新的认识。

教练要从多个方面进行管理，每当我到达一支新的球队，就要和车辆管理员、司机、门卫这些人先聊一聊。在球员时代，我从未和马德里竞技的工作人员如此深入地聊天，这种体验让我对这支球队有了全新的认识。一家俱乐部整体的氛围好坏影响着球队的发展，这是我在球员时代从未察觉到的。只有把所有的俱乐部成员拧成一股绳，才会迸发出最大的力量。

所以当我和教练团队加入一支球队时，我们会在停车场迎接前来训练的球员，如果球员们来训练的时候信心满满、态度积极乐观，就会为我们的工作带来更多正面的影响。我希望创建一种协作的体系，把一切的想法和情绪传染给球员们，让他们能更开心地训练、比赛。

有时我们会在阴雨天出场比赛，有人就会抱怨场地状况太差。这时，教练组的人就会开玩笑地追打他。“场地非常完美！天气不热！没有雨！没有泥！”当我们还是小孩子的时候，我们踢球时丝毫不在意环境。专注比赛，远离负面情绪，回归到比赛本身，才会赢得比赛。

第十一章　教学相长

当然，无论对足球多有热情，总会有更重要的事。家庭和家人对我来说比体育更重要。

我曾经试着衡量足球在我生命中有多重要，可能每个人都会考量自己热爱的事物会占据多大的比重。对于我来说，足球占据了我每天的24小时。当然，无论对足球多有热情，总会有更重要的事。家庭和家人对我来说比体育更重要。

当我的大儿子出生后，我很后悔没有第一时间陪在孩子身边。现如今，如果有哪名球员处在我当时的情况，我会敦促他陪在孩子身边。一路走到今天，我才知道家人对于球员来说有多么重要，因为当你不再是一名球员后，你还会是一名父亲。

欧洲之旅无与伦比，但身在欧洲的我没办法和孩子们建立亲密的关系。我时常在想，陪在他们的身边是否会更好，但我当时自私地选择了自己的事业。

与我的孩子们分隔异地是我在马德里竞技做主教练时最难过的事。欧洲之旅无与伦比，但身在欧洲的我没办法和孩子们建立亲密的关系。我时常在想，陪在他们的身边是否会更好，但我当时自私地选择了自己的事业。不过在另一方面，这或许也会教会孩子们让他们勇敢地去追逐自己的梦想，或许我不是每天都能陪在他们身边，但距离也会产生一定的美。

向别人传递正能量最好的办法，就是让他们认为你很自信。

我在第二次接手竞技队的时候得到了马德里竞技的邀约，我需要在竞技队留任到赛季末，还要带我的儿子朱利亚诺去海边玩儿。当时马德里竞技来电话说，球队正处于一个非常困难的阶段，希望我立即接手。得知此事后，我与当时 8 岁的儿子解释说，这是让马德里竞技重新崛起的机会。朱利亚诺问我："你要执教法尔考了吗？你们会和 C 罗、梅西踢比赛吗？"我回答说是的，"那是不是出了成绩后，我就再也见不到你了？"听到这句话，我差点笑死过去。我向他保证说，我们会常常见面，尽管我内心知道错过儿子的成长时光再也回不来了。与此同时，我对儿子能支持我的梦想感到非常高兴。

踢球的 38 天

球员时代的我充满激情，有着钢铁般的意志。

有人曾将我一生中参加过的 600 多场比赛的时间相加，一共大约是 38 天。在这 38 天中，我碰过多少次足球呢？每名球员在一场比赛中碰球 2~3 分钟，每次可以多接触球 1 秒钟，就意味着你有更大的发挥空间。

球员时代的我充满激情，有着钢铁般的意志。还记得在学校的时候老师问我喜欢哪种动物，我说："当然是狗。"

我不太翻阅过去踢球时候的照片，也不经常看那些影像，因为太沉溺于过去不是我的风格。

一切就位

在我看来，教练虽然有着全队最高的曝光率，或者看起来更为重要，但实际上只是球队中普通的一员。

足球教练和交响乐团的指挥不是一回事，交响乐团的指挥要求的是整体的和谐，而作为一名足球教练，本身就是球队的一员，更要突出球员个体的突出表现。

不要把自己当作凌驾于他人之上的一员，要和所有的工作人员共同协作。很多时候会有表现好的教练被辞退，或表现不好的教练被留下来。在我看来，教练虽然有着全队最高的曝光率，或者看起来更为重要，但实际上只是球队中普通的一员。

当好一名公众人物也是教练的一门必修课。我一直明白，有更多的人物对球队的重要性比我高，正如大家尊重我一样，我也尊重俱乐部的每一位工作人员。

困难的是当一切一帆风顺时还要保持清醒的头脑，让球员和俱乐部老板不要被胜利冲昏了头。

身负重任的人明白该如何分散自己的压力，但同时不能丢掉自己的主导地位。这种时刻既令人兴奋又充满危险，一旦过于得意就会丧失理智。

当身处困境时，就不太容易丢掉理智，因为这时你更要去依赖别人的帮助。困难的是当一切一帆风顺时还要保持清醒的头脑，让球员和俱乐部老板不要被胜利冲昏了头。

我和领导层的关系一直都不错，也从不曾因争吵而离职，如果有问题，我倾向于坐下慢慢谈。大学生队的主席胡里奥·阿莱格里因为我的离职感到非常气愤，但我事后向他阐明了做离职决定的前因后果，他最终也理解了我。在离开河床时，何塞·玛利亚·阿吉拉尔的反应也是如此。在南美杯上我们被淘汰后，他觉得球队的状况堪忧，就立刻想要提供给我一份为期两年的合同，但是我拒绝了。他的态度非常诚恳，尽管球队战绩不佳，他还能为我提供一份两年的合同，我非常感动。

所有人都将河床的沉沦怪罪于我们，是的，我们踢了 14 场糟糕的比赛，冠军奖杯也颗粒无收。我愿负起所有责任，但说实话，我真的是在最困难的时候接手了这支球队。

天助自助者

幸运女神对我有所眷顾，却也会玩弄我于股掌之间。但一切终要归于公平，数据统计和逻辑从来不会说假话。

运气的好坏转变往往就在一念之间，毫无疑问，拥有好运会让工作更轻松，也会让工作时的心情更加愉快。运气起起伏伏，比如安切洛蒂，他到了米兰和皇马都夺得了欧冠，也曾在上半场 3：0 领先的情况下，输给了利物浦丢掉欧冠冠军。机会无穷无尽，但持续努力非常重要。如果没有之前的付出，他也不会三进欧冠决赛。

幸运女神对我有所眷顾，却也会玩弄我于股掌之间。但一切终要归于公平，数据统计和逻辑从来不会说假话。我执教马德里竞技的前 150 场比赛里，我们赢下了 100 场。当然了，随着比赛基数的变大，输球的概率也会增高。

还有一项重要的数据统计，那就是关键场次的胜负。总体来说我做得不错，带领马德里竞技七进决赛，我们拿下了其中的 5 场。更重要的是，在 90 分钟内我们无一落败。在和巴塞罗那的西班牙超级杯比赛上，我们首回合 1：1 战平，次轮 0：0 战平，巴塞罗那凭借着客场进球才得以进入下一轮。还有就是欧冠决赛，前 90 分钟我们 1：1 战平了皇马。这项数据统计很少有人注意到，但赢下其中 5 场也是非常多的了。我在 2006 年带领大学生队的时候曾在决赛中击败博卡青年，这也是两队在决赛的首次交锋。

> 就拿瓜迪奥拉来说，他在青年队就做得很不错，接着又率领大巴萨取得了梦幻般的成绩，但试想如果他率领一支弱队又会怎样呢。

教练会为球队的胜利欢呼，他们认为团队胜利比策略的胜利更为重要。每一名教练都有自己的一套方法。在豪门中，你可能会更靠近胜利。对于我来说，教练们大致的工作都很相像，能把一支豪门球队训练得比对手更为强大才能体现出教练的功力。

就拿瓜迪奥拉来说，他在青年队就做得很不错，接着又率领大巴萨取得了梦幻般的成绩，但试想如果他率领一支弱队又会怎样呢。

“胜利者”们

一名教练的成败取决于多方面的因素。有些赢家仅仅是靠着运气较好罢了，这也就是我一直拒绝“赢家”标签的原因。

赢家和输家的现实又是怎样的呢？是什么导致了他们的成功或失败？一名教练的成败取决于多方面的因素。有些赢家仅仅是靠着运气较好罢了，这也就是我一直拒绝“赢家”标签的原因。

赢球和输球仅仅是最表面的反映。所有人都知道教练们非常优秀。

在 1994 年马拉多纳被禁赛期间，我们丢掉了球队的主心骨。尽管在一场和罗马尼亚的比赛中我们输了，但所有人都认为我们发挥得不错。有时候就是这样，踢得好也会输球，人们会从场面上看出来，输球不是技战术的原因。但与之相反，赢球就是赢球，胜利会掩盖一切。不需要过多地分析赢球的方式，但输球则需要更多的借口。

赢球和输球仅仅是最表面的反映。所有人都知道教练们非常优秀，有些人是绝境中的胜利者。比如说卡鲁索・龙巴尔迪，他拯救了无数支困境中的球队。

在我看来，教练之间的技术差距并不大，他们之间的差距体现在管理和组织水平上。

“胜利教练”听起来像是一种讽刺的话语，因为那些能把球队带出低谷的人才是球队的无冕之王。我在卡塔尼亚执教的时候，没有拿过冠军，但我把球队从降级区里挽救了出来，我认为我就是一名胜利者。在我看来，教练之间的技术差距并不大，他们之间的差距体现在管理和组织水平上。

教练之间的差异还体现在如何给球队打上自己的烙印。有些球队教练来来去去，球员也走马灯似的更换，最终会导致球队流于平庸。

第十二章　刻苦训练

在每个半场比赛中的前25分钟，都是教练的表演时间。

在必要的时候，教练要对球员进行一定的干预。是否能选准时机、选对方法，是对教练的巨大考验。在每个半场比赛中的前25分钟，都是教练的表演时间。为什么？因为这段时间是球员们战术执行力最高的时候，也是双方教练比拼高下的时间。

在某一时刻替换一名球员上场是一种本能反应，是一瞬间的灵感，如果考虑得太多，就有可能输掉比赛。你需要把有灵感的瞬间变成自己的条件反射。

在某一时刻替换一名球员上场是一种本能反应，是一瞬间的灵感，如果考虑得太多，就有可能输掉比赛。你需要把有灵感的瞬间变成自己的条件反射。一名教练要清楚自己手里的牌，更要明白根据对手和比赛来出牌。熬到比赛的最后10分钟，用来做调整的时间就非常少了。所以调整场上的阵容至少要预留出20分钟，这样换上场的球员才有充分的发挥时间。球员上场后，还需要5~10分钟与球队磨合的时间，所以这就需要教练能够未雨绸缪。

在每个半场比赛开始后的5~25分钟期间，是分析比赛的最佳时段，在这段时间之后，你还有20分钟用以改变战局。教练每出一张牌都会对战局产生决定性的影响。在中场休息期间，你还可以根据看到的问题指导球员。在下半场比赛中的前25分钟看出的问题，你只能通过换人调整来解决。

球队的结构与性格

在我看来，只有很少的球队有着非常好的球队结构。

每每我们称赞一支球队，都会说它像一台精密运转的机器。但在我看来，球队更像是一条河流，一切自然而然地向前流动，每个人都不自觉地跟着水流共同前进，并在其中迸发出才华和灵感。

但不是所有的球队都一样，在我看来，只有很少的球队有着非常好的球队结构。比如拜仁、巴萨、尤文图斯，当然还有马德里竞技，他们的打法自成一格。其他球队大部分仰仗着明星球员的个人天赋。如果教练并非顶级的话，很难在球队中建立良好的球队结构。

如果你对一项工作一无所知就贸然加入，这样非常的不明智。我们不能像哥伦布一样，在足球的海洋上漫无目的地航行。

如果球队有着独树一帜的战术的话，就会有非常鲜明的特点，这是战术板上教不会的。

在巴塞罗那和拜仁慕尼黑，所有人都认同球队的战术体系，球员们会为此奋斗终生。在这里，我们同样能看到拼搏、努力和强大的精神力量。马德里竞技在一切运转良好的时候也拥有自己的特点，如果改变，就意味着走上了错误的道路。博卡青年也是一支有着历史沿革的球队。

所以每当一名主教练来到这样的大球会时，一定要了解这支球队的方方面面，才能避免举步维艰。

如果你对一项工作一无所知就贸然加入，这样非常的不明智。我们不能像哥伦布一样，在足球的海洋上漫无目的地航行。在马德里竞技的初期，我就知道球队要怎样比赛。如果我不知道球队该如何运转的话，就算我再有能力，也不能很好地率领这支球队。在球队的历史上，有很多的大牌教练没能做出成绩，或许是因为他们没能理解球队的传统吧。

所以说，任何成功都离不开基础的支持。我在大学生队的经历就与此有关。或许大学生队和马德里竞技是我对之感情最为特殊的两支球队。

当一名主教练来到俱乐部时，先不要提出自己的需求，先要了解这里的人们的需求。球员或者教练都要明白自己即将与之合作的是一家怎样的俱乐部。如果我想在第一个赛季就赢得联赛，我要先了解是否可行。但事先不考虑的话，按部就班可能不会带来最终的胜利。

所以说，任何成功都离不开基础的支持。我在大学生队的经历就与此有关。或许大学生队和马德里竞技是我对之感情最为特殊的两支球队。在河床，我尽管拿了冠军，但都是出色的球员们的功劳。在大学生队时，是基础决定了球队的战术和球员的高度。而在河床，我们的比赛和战术超越了体系和基础，走的是另外一条路：才华逆向打好基础。但当球员们的才华褪色时，基础也就不复存在了。

英雄主义与自主权

当主角当然是最难的。就算状态一直很好，每一场胜利也都需要付出大量的努力。这就需要球员利用好所有的有效资源。

在何时发挥个人英雄主义是一名球员要学习的重要技能。在一场球赛中，球员需要明白自己的角色，当主角当然是最难的。就算状态一直很好，每一场胜利也都需要付出大量的努力。这就需要球员利用好所有的有效资源。

指挥一支球队也是如此，你需要在 10 分钟之内利用所有的资源和灵感去解决问题。比如在巴塞罗那队中，他们靠的是明星球员的闪光来解决问题。

能找到问题的症结所在，是一名好教练解决问题的先决条件，因为大部分问题都可以通过教练的指挥来解决。

与巴萨竞争，你就需要在和弱队的比赛中不犯任何错误。你需要一直保持领先，并寄希望于密集的冠军联赛会消耗对手，当你直接面对巴萨或皇马时，更是需要做大量的前期工作。马德里竞技如果想要在联赛中获得冠军，就需要击败其他所有对手，并在与巴萨和皇马的比赛中发挥出超高的竞技水平。

球星的个人英雄主义也会带来一些严峻的问题。比如说教练和球员会有不同的想法，比如说传球线路的选择，等等。这时其实我觉得教练的考虑更为周全，因为他们考虑的因素更多。

能找到问题的症结所在，是一名好教练解决问题的先决条件，因为大部分问题都可以通过教练的指挥来解决。但是，有一些问题教练无能为力，比如说球员不再尊重教练。

球员对教练的尊重是球队走向成功的根本。信任危机的出现，很有可能双方都有责任。这种危机在短时间内很难化解，会带来一段困难的时光。

球员对教练的尊重是球队走向成功的根本。信任危机的出现，很有可能双方都有责任。这种危机在短时间内很难化解，会带来一段困难的时光。因为教练和球员的良好合作是球队取得优异成绩的根本，教练需要球员的努力，还需要给每个人适当的机会和自主权。球员的身体和表现取决于他们的主观意志。他们自己所做的决定、场上的表现，以及每一个念头，都会对球队产生影响。自主权属于每一名球员，教练要善于利用并加以引导。

向球员提供自主权的话，很有可能换回球员的忠诚与信任。

向球员提供自主权的话，很有可能换回球员的忠诚与信任。当球员们在场上大杀四方时，如果还能保持冷静听进教练的话，就说明你成功了。与之相反，如果球员不采纳教练的建议，就说明教练做得不够好，甚至无法挽回这种局面。

换言之，球队中如果充满互相信任的氛围，就会带来另外一种风气。永远要和球员讲实话，但也要照顾他们的感受。

换言之，球队中如果充满互相信任的氛围，就会带来另外一种风气。永远要和球员讲实话，但也要照顾他们的感受。如果我在看不清对方真实想法的情况下，肯定不会开心地和他们合作。就算在足球的世界中，我也认为有自主权是一条基本的伦理。当球员能有自己独立的想法时，他们会对比赛认真负责。对我来说，能在别人有着独立思考的情况下对他们加以引导，才是一桩乐事。

我的第一项原则就是要求球员独立自主，第二项原则是要和球员们尽可能多地交流，这样我会了解到通过足球不能获取的细枝末节。

归属感是让球员获得自主权的同时能为球队奉献的重要因素，有了这种感觉，他们就会对我们的工作抱有激情。对于没有归属感的人，我们很难将激情传递给他。这是自主权重要的组成元素。

假设米开朗琪罗是队里的头号球星，而我是二号，那他就一定比我重要吗？不，我们都很重要，他可能会做决断，而我会提供给他重要的帮助。

团结一致

让他们保持好奇和耐心同样重要，我就是一个非常有耐心的人，因为我知道有些时候需要听取所有人的声音。

足球运动员不像是一群教室里的学生，因为成长经历和所学的内容不同，他们每个人的个性更为鲜明。让他们保持好奇和耐心同样重要，我就是一个非常有耐心的人，因为我知道有些时候需要听取所有人的声音。

球员和场地管理员的话对于我都很重要，我要从各个方面做决策，更希望所有人都参与进来。在经营一家俱乐部时有着不同的问题，有时你要关心场地，要关心球员的孩子是不是要出生了，还要关心 30 岁的老将是打算续约还是去中国，甚至是关心哪名球员刚刚失恋夜不能寐。

我不喜欢把自己的位置凌驾于球员之上，教练是一个要随时陪伴在球员身边的角色。

充满耐心会让你在问题中吸取经验。对于我来说，倾听似乎是一种天赋。我不喜欢把自己的位置凌驾于球员之上，教练是一个要随时陪伴在球员身边的角色，但也要适时地保持距离。

当我们获得冠军的时候，我不会去和他们在场上飞奔，也不会在场上拥抱他们，我知道那不是我的位置，这是属于球员们的荣耀一刻。我是一名教练，我的角色就是在边线外肆意庆祝，但如果他们冲过来邀请我，我就会和他们一起狂欢。

当然了，我也喜欢这种叛逆的性格，或许有人认为叛逆是一种问题，但实际上并不是这样，你只需要找到合适的相处模式。

事实远胜于雄辩。在阿根廷时，一名刚刚转会而来的球员不信任我，我们一开始就这样貌合神离地共事着。后来他的私生活方面遇到了一些难处，我对他进行了帮助。

两周之后，他跑过来感谢我说，最坏的日子已经过去，这时我又问他是否信任我，他给出了肯定的答案。能把他的观点改变过来真的是一种幸福，当然了，我也喜欢这种叛逆的性格，或许有人认为叛逆是一种问题，但实际上并不是这样，你只需要找到合适的相处模式。

领袖是自然而然诞生的。当然他们可以有许多不同的特性：安静、滔滔不绝、以身作则，甚至是球队中有特殊才华的吊车尾。

树立榜样可没有预先排好的剧本，必须要从自然发生的事件中传递想法。为了当好一名足球人，我踢了600多场比赛，又执教了数百场。我会和球员们分享我的故事，我讨厌那些教练或球员强迫大家听取他的意见。

领袖是自然而然诞生的。当然他们可以有许多不同的特性：安静、滔滔不绝、以身作则，甚至是球队中有特殊才华的吊车尾。

选定目标

目标随着所处的位置在不断改变。举例来说，在俱乐部里要达成什么样的目标？或者说什么目标是最容易达成的？在我看来，最重要的是管理层要求的目标，因为教练本身就是俱乐部的雇员之一。首先要完成俱乐部规定的目标，这样也会让教练更轻松地实现自己的目标。

对于俱乐部来说，雇用一名教练的目的无外乎摆脱低谷、进入欧洲联赛，或者是打入联赛前三。曼彻斯特城的目标却是进入欧冠联赛，这对于俱乐部来说就是一切。马德里竞技和巴伦西亚则不然，他们要拼命保住第三名，因为在西甲皇马和巴萨的统治地位已然不可动摇。有人笑称除了巴萨和皇马是西超，西甲冠军就是除了前两名的第三名，争夺这个“冠军”是两家俱乐部的最大诉求。

虽然听起来有些好笑，但所有教练的目标都是冠军。然而在争取冠军之前你必须要保证球队的利益，需要达到管理层要求的排名，将球队带上一个档次。

追寻自己的目标，最好要达到俱乐部要求的目标。球队的目标是争取前三，而我也可以通过争取前三的努力，试着实现争冠的夙愿。如果你能稳保前三名，也就离冠军越来越近了。自从我到了马德里竞技之后，马德里竞技成为西甲三强之一，球队的经济状况也得到了改善。

虽然听起来有些好笑，但所有教练的目标都是冠军。然而在争取冠军之前你必须要保证球队的利益，需要达到管理层要求的排名，将球队带上一个档次。这样稳步提升的成绩会让接下来几年的财政状况越来越好，也就离教练们的梦想越来越近了。

如果我在马德里竞技的第一年没有完成管理层部署的进入前四的任务，我就不会拥有如今的这些球员，甚至不会继续任教。但自从我们达到了这个目标，我就拥有了 10 名有竞争力的球员，紧接着是 12 名，第三年当我们成为冠军时，我认为已经有了 15 名优秀的球员。如此循环往复，球队就会更有竞争力。

形式、偏见和大师

我也会接受每个人的意见，我认为每个人的想法都有可取之处。跟随他们的脚步，我拓宽了自己的视野，更克服了让我裹足不前且阻碍进步的偏见。

我曾与许多足球大师共事：路易斯·阿拉贡内斯、马塞洛·贝尔萨、卡洛斯·比拉尔多、阿尔菲奥·巴西莱……每个人都有自己的风格，但我没有以他们任何人为模板。我喜欢和他们共事，珍惜着每个人的宝贵意见，尽管我不是梅诺蒂那样的教练，我也会接受每个人的意见，我认为每个人的想法都有可取之处。跟随他们的脚步，我拓宽了自己的视野，更克服了让我裹足不前且阻碍进步的偏见。

对于我来说，形式非常重要。比如我更喜欢通过有感情的方式传达想法。我长久以来一直记着与可可·巴西雷交流时的一幕。在我年少时，我不太注重策略，更容易冲动。但少年足球运动员似乎都有这个坏习惯。我还记得那是 1993 年的美洲杯上，赛前那家伙非常紧张。我没有用语言，而是用场上的表现鼓舞了他。

路易斯·阿拉贡内斯的性格、人品、激情、战术素养等都值得我深入学习。能和他一起成为马德里竞技历史上较为成功的主教练是我一直以来的荣幸。

我与阿拉贡内斯共事时，已经是一名更为成熟的运动员了。他对我进行了很多关于战术上的辅导。他让我对西班牙足球有了更深层的认识。这位中场大师更是掀起了一场革命，为西班牙队接连夺得欧洲杯和世界杯冠军打下了坚实的基础。

路易斯·阿拉贡内斯的性格、人品、激情、战术素养等都值得我深入学习。能和他一起成为马德里竞技历史上较为成功的主教练是我一直以来的荣幸。当我受邀率领马德里竞技的时候，我和他谈了谈，问了他的想法。一切点到为止，其余的嘱托尽在不言中。

贝尔萨是我见过在赛前准备最为详尽的教练，他教会了我很多战术层面的东西。

贝尔萨和比拉尔多是有着不同风格的两位伟大教练，可能是因为母语不同，他们的表达方式天差地别，但都非常准确直接。贝尔萨是我见过在赛前准备最为详尽的教练，他教会了我很多战术层面的东西。比拉尔多则教会了 16 岁的我踢中场的不同位置，让我明白了“中场球员”真正的含义——不仅仅是死守在中场那么简单。

这两位教练都是球痴，但都不会给我布置超过能力范围的任务。或许是因为在我的足球观念中，防守、进攻等并不是割裂开来的。有的人在比赛中，如果无关自己的任务的话，可能就只做一名“看客”，对于我来说，场上的每一分钟都要拼尽全力，无暇驻足发呆。

有些球痴教练生活在自己的世界中，他们的关注点只有精彩的比赛。“这么精彩的比赛你怎么能不感兴趣！”或许有人觉得这些教练们看到有人踢瓶子都要去指导一番？

有些球痴教练生活在自己的世界中，他们的关注点只有精彩的比赛。“这么精彩的比赛你怎么能不感兴趣！”或许有人觉得这些教练们看到有人踢瓶子都要去指导一番？这都是新闻里的段子，这些教练们想的是更好地为球员服务，至于曝光率什么的他们才不在乎。在阿根廷足球界，还有一个关于梅诺蒂和比拉尔多之间的足球笑话。这两位对于我来说都是伟大、刻苦的教练。

第十三章　超越自我

在记者发布会上我说道:“不相信我们能获得冠军的人，一定没来看过我们踢球。”

我喜欢作为足球人参与重大的历史时刻，幸运的是，我经历了不少。2006 年，大学生队的 10 场连胜夺取冠军就是难忘的经历之一。在连胜之前，我们输掉了两场比赛，但在那之后我们就变得势不可当。

与河床的比赛是这段连胜的关键点，博卡青年当时遥遥领先，我们知道只有赢下这场比赛，才会与河床在积分榜第二名的位置争夺上占得先机。在赢得比赛胜利后，我还记得河床主教练丹尼尔·帕萨莱亚的话:“河床今天的表现配不上亚军。”后来我经常模仿这句话，用以激励球员，让他们知道自己的差距。

在和阿根廷青年人队比赛之前，我们先后以 0∶1 和 1∶2 输给了博卡青年与科尔多巴。在比赛的最后阶段，阿根廷青年人队的冈萨洛·乔伊将比分扳成 2∶2 平，我们几乎丧失了与博卡青年竞争冠军的机会。赛后，更衣室里死一般的寂静。我对球员们说:“我只问你们一件事，你们还想不想赢得冠军？我们未来还有机会。”

比赛后的周二，在记者发布会上我说道:“不相信我们能获得冠军的人，一定没来看过我们踢球。”人们都觉得我疯了。我还记得我踢球的时候，曾经在拉齐奥以球员身份参与了一场大逆转。

球员们之所以有些绝望了，是因为他们的心理负担太重，在接连的失利后他们变得缺少激情。我知道我们还有希望，才会去鼓励他们，我不是一个喜欢画饼充饥的人。

但是话说回来，我们还存有一点点的可能性。球员们之所以有些绝望了，是因为他们的心理负担太重，在接连的失利后他们变得缺少激情。我知道我们还有希望，才会去鼓励他们，我不是一个喜欢画饼充饥的人。我们一定要拿下之后面对博卡青年的比赛，才能夺得冠军。当我说出这个想法时，球员们都在紧紧盯着我。

在上半场，我们没能摸透博卡青年的套路，但在第四十一分钟我们取得了领先，球员们发现博卡青年并非不可战胜，于是我们一鼓作气拿下了比赛。正因为拿下了这场比赛，我们才有可能和博卡青年在贝雷兹·萨斯菲尔德体育场[①]进行冠军争夺战，并最终夺得了冠军。我和我的球员们将这场比赛作为献礼，送给了我们的主席阿莱格里。

阿莱格里在赛前，到阿根廷足协为我们谋取规则之内的一切利益，比如说要求一名更公平的裁判、就穿主客场球衣的问题据理力争。这些因素不会让我们直接获得胜利，但让我们在决赛中有了更为轻松的环境。

在我到马德里竞技的多年后，同样的事情又一次发生了。那是在伯纳乌举行的国王杯决赛。我们之所以同意在伯纳乌举行，是因为这座球场可以容纳更多的观众。但我要求不要使用皇家马德里的球门，那样会让我们感觉是在客场踢比赛，毕竟我们也是马德里这座城市的主人。虽

---

① 译者注：此处原文可能有误，应为何塞·阿马尔菲塔尼球场，即萨斯菲尔德队的主场。

然最终球门没能更换成马德里竞技的球门，但也体现出了我们寸土不让的态度。

当我们来到比赛场地时，感觉我们就是下一任的捧杯人。听起来很玄妙，但好运一直站在我们这边。

在比赛中，有太多的因素影响着比赛结果。在与博卡青年的比赛前，他们已经拿了两个冠军，心态更为轻松。但我们的球员中，绝大多数人，除了贝隆，都没有冠军头衔。当我们来到比赛场地时，感觉我们就是下一任的捧杯人。听起来很玄妙，但好运一直站在我们这边。

在 2000 年，我曾与拉齐奥一起获得冠军，在此之前拉齐奥历史上只有两次折桂。这和大学生队的情况其实差不多。在那年的意甲最后一轮，我们的对手是乌迪内斯，而争冠对手尤文图斯将和佩鲁贾进行角逐。

我不明白为什么有人面对一定的困难就轻言放弃。你要认识到，有困难说明还有机会。

比赛的哨声在罗马城响起，炽热的太阳烘烤大地。上半场我们 1：0 领先，而另一边尤文图斯与佩鲁贾 0：0 暂时战平。下半场我们已经赢得比赛后，得知佩鲁贾因突发状况将比赛暂停了半个小时。在那场比赛的下半场第五分钟，亚历桑德罗・卡洛里为佩鲁贾首开纪录。如果尤文图斯战平，我们就要进行加赛。然而佩鲁贾击败了尤文图斯，将冠军奖杯递到了我们手中。

之前一年，也是在最后一轮，佩鲁贾在米兰收获了冠军。似乎去年的耻辱让佩鲁贾人心存不甘，1：0 赢下了与尤文的这场比赛。在那一年的联赛中，我在 5 场比赛中打进了 5 个球。在联赛还有 7 轮或 8 轮的时候，我们赢得了与尤文图斯的 6 分之战。在此之前，我曾在阿根廷国家队在伦敦的比赛中下半时登场，接到贝隆的传球后我破门得分，拿下了比赛。从那时起，我就知道在我的未来一定会收获更多的冠军。

我不明白为什么有人面对一定的困难就轻言放弃。你要认识到，有困难说明还有机会。比如说当我收到竞技队的邀约时，有人告诉我不要去，我当然也考虑到球队的状况非常糟糕，可能对我的教练生涯起步有所打击，但我还是毅然决然地加入了进去。

我在马德里竞技执教时得到了一些宝贵的机会。球队允诺我进入前 4 才可以继续留任，可当时的情况是我们距离前 4 还有 15 分，仅仅高于降级区 3 分。当时的球队管理层已经认为是时候将一切带回正轨了，但还迟迟没有行动。除了管理层备受压力，球员们的身心也备受煎熬。欧冠是我们最后的救命稻草，球员们急需从国内联赛的糟糕状态中摆脱出来。但令人绝望的是，你首先要踢好联赛，才有资格去参加欧洲比赛。可当时我们并没有精力应付双线作战。在那个赛季中，我们打进了国王杯决赛，在欧冠中折戟沉沙，但最终赢得了联赛奖杯。

神秘感

我认为人们并不真正了解我。大众看到的是一名还算出色的足球教练，但我真正是什么样的人呢？

人总是掩藏在自己的面具之下：我认为人们并不真正了解我。大众看到的是一名还算出色的足球教练，但我真正是什么样的人呢？或许能从社交网站上寻得蛛丝马迹，但我是一个非常注重隐私的人，不想让我的私人生活公之于众。

当我还是一名球员的时候，我向可可·巴西雷请教，作为一名教练需要拥有什么素质。他回答道:“一名教练必须要有神秘感。”他们看得见你，但看不穿你，才算成功。

我就像一只乌龟一样，有着坚固的外壳。如果人们相信我，我不会辜负他们，但是他们觉得挺难信任我的，因为我总是很警觉。

我在人们面前表现的都是我专业的那面，这并不是我本身的人格，而是我的工作。换句话说，很少有人能深入了解我，我就像一只乌龟一样，有着坚固的外壳。如果人们相信我，我不会辜负他们，但是他们觉得挺难信任我的，因为我总是很警觉。我的朋友不多，和他们之间也存在着一定的界限。

我很少记笔记，我不需要纸和笔。一切的信息都存留在我的脑海中，不在书面留下任何痕迹。我的大脑就像一座24小时影院。我明白自己需要休息，但度假的时候无法联系到俱乐部让我很恼火，我不能离开。

一直以来，我都是一个孤独的人，很多时候都是我一个人做决定，不需要和团队讨论。我希望在这种时候有人能善意地提醒我，不要过于离群索居、闭门造车。诚然，信息越多，对决策越有好处。

奇怪的是，我很少记笔记，我不需要纸和笔。一切的信息都存留在我的脑海中，不在书面留下任何痕迹。我的大脑就像一座24小时影院，在休息的时间里也会为我放映比赛的内容。我明白自己需要休息，但度假的时候无法联系到俱乐部让我很恼火，我不能离开。

成功后的空虚

我一直在想，如何让球员们不受夺冠的影响重新来过。就好像一名登山者，刚刚爬上了数千米的高峰，发现无路可走后，决定回到山脚从头再来。

成功之后会感觉有一点点无聊，还记得在大学生队夺冠之后，我一直在想，如何让球员们不受夺冠的影响重新来过。就好像一名登山者，刚刚爬上了数千米的高峰，发现无路可走后，决定回到山脚从头再来。

在达到自己的目标后，大家可能都会有这种感觉。奋斗的过程往往远比结果令人愉悦。当你真正到达巅峰后，一切的一切都会烟消云散。你无法再向上攀登的时候，一定要为自己树立新的目标，让自己重新上路。

成功的喜悦仅有一瞬，要享受构筑胜利的过程。

我坚持认为，努力拼搏比赢得胜利更重要。让我们真正成长的是一路的艰险，而不是高奏的凯歌。成功的喜悦仅有一瞬，要享受构筑胜利的过程。

球员和教练的心情却不太一样，当球员们赢得胜利后，他们所迸发出的情绪远比教练组热烈。教练们从赛前的准备、战术安排、指导工作等方面获得的乐趣更多。而球员们则会把胜利立刻转化为狂欢。

在我身上也是如此，当我作为教练获胜后，经常会茫然失措。在博卡青年和大学生队的决赛之后，我有一些失神。而率队在巴塞罗那夺得联赛冠军后，我一直在场边傻笑。在3：0击败毕尔巴鄂夺得欧联杯冠军后，我做的也是去安慰马塞洛·贝尔萨，这就是我当时的第一反应，根本没有想到要去庆祝。

而当我是一名教练时，我会看到脚下的边线将球场内外划分开来。直到比赛结束前，教练都无法进场。

当我还是一名球员的时候，每次胜利后我想到的只有我和队友，感觉那一瞬间天地之间只有我们。而当我是一名教练时，我会看到脚下的边线将球场内外划分开来。直到比赛结束前，教练都无法进场。这种感觉也很棒，因为毕竟球场是球员们的世界。

当你率领球队追寻目标时，不要忘记关注球员们的成长，他们的成长是你每天都能获得的成就感。

球员们是真正有资格享受胜利的人。或许教练们也有属于自己的喜悦，但并不明显。我们看着球员们成长，一位位充满活力的年轻人用努力改变了自己的命运。对于教练们来说，看着球员们成长远比夺得冠军更为快乐。

实现目标要从提出目标开始，这个关键的时刻非常重要，因为目标的难易程度决定了奋斗是否艰辛。但不可否认，日复一日的努力是实现一切目标的必要条件。当你率领球队追寻目标时，不要忘记关注球员们的成长，他们的成长是你每天都能获得的成就感。

在追求成功的过程中，需要看清脚下的路。我不会忘记率领马德里竞技夺得联赛冠军是成功阶梯上的最重要一步，我们成功了。除此之外，我们还赢得了欧联杯、国王杯和欧洲超级杯。一切荣誉只是过往，我们要赢得更多的联赛冠军。击败毕尔巴鄂、皇马和切尔西，这些都在宣告着：我们要赢下更多冠军。

胜而不骄

我们要为了眼下的胜利做好准备，更要目光长远。卫冕的路永远是最难走的，没有球队能一直赢下去。因为当你到达巅峰后，除非再次登顶，其他的名次都是失败。挑战者永远比卫冕者心态更轻松，因为他们的期望值更低。

为了提升球队的层次，我们需要面对不同的困难。在不同的阶段，困难也会存在于方方面面。有时球员会在竞争中迷失自我，作为教练，一定要将他们引上正确的轨道，这和夺取冠军一样重要。

举例来说，当我接手马德里竞技时，目标是夺取西甲前三名，在当时这是一个比赢得欧联杯更重要的目标。这种情况下，我要帮助球员们完成他们的目标，让他们不要在联赛中失去野心。胜利在召唤，我们不能走偏方向。

终极目标：理想的比赛

这种变化需要预先设想，并通过多年的努力才能完成。

在球员和教练阶段，我都喜欢追溯足球的历史。在历史上的某些时刻，比赛的模式发生了变化，现如今我也不知道这种复杂的变化是如何发生的。生在当下的我们没有亲历过那段历史，但我们可以记录下马德里竞技 4 年的变迁。这些年来，我们的工作为球队带来了翻天覆地的变化。这种变化需要预先设想，并通过多年的努力才能完成。

或许现在的球员和之前的球员天赋相当，但他们看起来极为不同，因为训练方式和比赛速度早已不可同日而语。

在我的认知中，足球比赛由多种体系和形态构成。相较于之前，现代足球的节奏更快，更要求场上场下的执行力。高速运转的足球世界让很多有才华的年轻人没有时间展示自己的光芒。或许现在的球员和之前的球员天赋相当，但他们看起来极为不同，因为训练方式和比赛速度早已不可同日而语。

现代球员的成长体现在方方面面，我相信我也在不断地成长。

我相信社会的变化也从多个方面推动了足球的发展。如今我们有了手机，有了来自世界各地的球员，球员们也可以问一些更为先进的问题。现代球员的成长体现在方方面面，我相信我也在不断地成长。

现在还有什么能称为新鲜事物呢？我不认为还会有人排出 1–2–8 的阵型，据说在 20 世纪 50 年代 5 名前锋是标准的配置。总而言之，我们在慢慢摸索，球员的进攻性也在增强。或许场上的位置没有变化，就算巴尔博这样的球员都会被比拉尔多放在右边路。教练的选择以战术安排为依据，不是什么突发奇想。我认为，在场上球员可能会承担更多的进攻或防守任务，但不太会有异想天开的点子出现在球场上了。

我理想的情况是球员通过个人的努力不断进步，在团体项目中，每个人都进步意味着团队会有质的飞跃。

和其他事物一样，足球也有潮流。举例来说，4-3-3 阵型曾经风靡一时。球队之间会互相影响，比如巴萨和西班牙队就引领了最近一波潮流。我们在他们身上也学到了一些东西，试着用并非所有的对手都能模仿的方式击败他们。

选择一套全新的战术，首先要观察自己阵容中的球员。想要像巴萨一样踢球，首先你得拥有与巴萨球员相近的球员们。然而，同一批人不同的阶段也会有所变化。瓜迪奥拉治下的巴萨就与如今的巴萨不同。如今的巴萨更注重防守和压迫，进攻则更依赖边路。

瓜迪奥拉的巴萨踢的是位置足球，整体的框架也沿用至今。路易斯·恩里克在接手瓜迪奥拉的遗产后，却没有继续执行他的战术。现如今的巴萨也是一支伟大的球队，两名教练没有孰强孰弱之分，他们的足球理念都充满着创新。

我理想的情况是球员通过个人的努力不断进步，在团体项目中，每个人都进步意味着团队会有质的飞跃。我们不追求完美，因为完美是不存在的。我们要接受足球是圆的，一场比赛中会有利于我们的因素存在，也会有不利于我们的因素存在。

有时我们会完美无缺地执行战术。

我们必须正视不完美的现实，在与对手的竞争中，需要通过不断臻于完美才能获取胜利。这就要求有更高的专注度和更少的失误。

有时我们会完美无缺地执行战术。比如说在摩纳哥举行的欧洲超级杯上，我们 4：1 战胜了切尔西。在那场比赛中，我们发挥出了训练中 98% 的实力。减掉的 2% 是因为我们在打入第四个进球前丢了一个球，不过在上半场我们就已经 3：0 领先了。每当我回顾这场比赛，都会发现所有的工作都像教科书一般，我们踢出了一场相当完美的比赛，但这样的情况很难经常发生。

第十四章　善于竞争

不可否认，他们强大得令人窒息，我们唯一能做的就是增进自身的实力。

面对巴萨或皇马这样的对手时，你会感受到自己的渺小。在马德里竞技，我们会很早就开始备战与他们的比赛。就算做了充足的准备，也不能保证一定会取得胜利。不可否认，他们强大得令人窒息，我们唯一能做的就是增进自身的实力。不过，为了实现远大的目标，我们需要战胜这样的强敌。

幸运的是，足球场上经常上演以弱胜强的奇迹。我会让球员们正视现实，他们面对的是西甲 19 支球队中最为强大的两支，而且另外 16 支球队早已对他们俯首称臣。但我们并不会放弃。我们承认他们的强大，但我们自身并不弱小。我们要抓住对手的弱点，争取一击致命。

这两支球队都有着近乎无限的资源，我们不能与之抗衡。但是仅仅在一场比赛中，我们还是可以取得胜利的。

这两支球队都有着近乎无限的资源，我们不能与之抗衡。但是仅仅在一场比赛中，我们还是可以取得胜利的。一场球赛只有 90 分钟，每一分钟都会有不同的变数。

在联赛或杯赛中，漫长的赛程会让豪门的容错率变高。但在单场比赛中，两支球队犯错的可能性差不多，弱者并不会比强者差得太多。关键是挑战者能否找到机会。

足球是一场时间与空间的游戏，当球队落后时，时间就成了催命符。随着时间的推移，球员们变得越发急躁，希望能尽快扳平或反超比分。但在一场势均力敌的比赛中，时间又成了发挥好的那一方的敌人，因为弱者会觉得保住平局就算完成任务。

在比赛中，总有一些球队必须要面对的问题。比如强者的赢球欲望，弱者必须要动用一切资源来防守。或者在另外一种情况中，强者需要争取更多的净胜球，那对于弱者更是一种煎熬，因为对手会从第一分钟强攻到第九十分钟。

与时间赛跑

不同的球员有不同的解决方式，高水平的球员不会草草打门，将命运交给运气。他们知道自己足够强，可以让时间在他们面前停摆。

在一场与巴萨的对决中，费利佩上半场就被罚下了，最后我们1：2输掉了比赛。在中场休息期间，我对球员们说："冷静下来，比赛的最后10分钟是我们的。"尽管后来戈丁也被罚出场，除了门将我们只剩8名球员，依然踢出了一场精彩的比赛。如果格列兹曼最后时刻的单刀球没有被扑出的话，我们很可能不会被击败。

时间一分一秒地溜走，球员们的情绪也白热化起来。如今我们是一支成熟的球队了，高层次的球员有时可以不受这些负面情绪影响，独力改变比赛。

球员们在和时间赛跑。曾经有一次我们在诺坎普对阵巴萨，在下半场的第十二分钟，我们就确立了领先优势。我们本以为已经掌控了比赛，可惜不然。内马尔和梅西分别挺身而出各入一球，将比分定格为 2∶1。

不同的球员有不同的解决方式，高水平的球员不会草草打门，将命运交给运气。他们知道自己足够强，可以让时间在他们面前停摆。

这样的特殊球员要在最后的 10 分钟内发挥出所有的能量，如果他们不能在这 10 分钟内发挥最大作用的话，可能就没有其他机会出场比赛了。

有时候教练对场上的情况束手无策，一切只能仰仗球员的个人表现。假如说比赛还有 10 分钟，场上局面是 0∶0 平，你想要赢球；或者是 1∶0 领先，你不想被逼平，这时就要挑选合适的球员出场比赛。如果你的手里有这样一支奇兵的话，对手就遇上大麻烦了。这样的特殊球员要在最后的 10 分钟内发挥出所有的能量，如果他们不能在这 10 分钟内发挥最大作用的话，可能就没有其他机会出场比赛了。

还要脸吗？

联赛前 4 名开外的球队在面对巴塞罗那这样的强队时，如果被对手牵着鼻子走，有可能被踢成 6∶0、6∶1 这样的比分，进球的数量完全取决于对手的心情。面对这样的局面，弱队首先要从战术结构和球员结构两方面进行调整。

球队不同的输球方式，会对球队造成不同的打击。输球可以接受，但一定不要被击溃。

这就涉及你要明确地了解手下球员们的能力，并在战术和球员能力两方面进行均衡性调整。如果想要逼平这些强队，就要采取特殊的战术，但特殊的战术可能会导致更大比分的失败。所以，在教练无能为力的最后 10 分钟，我要求球员发挥自己所有的能量。

在困难的条件下，我会让球员们尽可能去争取一场平局，这样才有机会达成接下来的目标。

时间带来的结果最为无情，我们一定要抢在正确的时间取得优势。和巴塞罗那的另一场比赛中，巴塞罗那的布斯克茨和阿德里亚诺各进一球，我们上半场 1：2 落后。下半场没过多久，戈丁就犯了错，导致我们最后 1：4 输掉了比赛。比赛就是这样，仅仅几分钟就会让一支球队溃不成军。你要传递给球员的是尽可能拿下比赛，而不是死守的信念。

球队不同的输球方式，会对球队造成不同的打击。输球可以接受，但一定不要被击溃。

在我还年轻的时候，卡洛斯·比拉尔多就教给我输球之间也有不同，有人选择与对手对攻，最终 0：4 输掉，有人选择死守，最终 0：2 输掉。球迷、球员、门将他们的选择可能都不尽相同。但对于帕科·赫梅斯或拉约·瓦列卡诺这样的教练来说，平局是不能忍受的结果。在他们的比赛中，经常会发现在 1：1 平的情况下，他们会换上 3 名进攻球员。这些教练的信条是：输赢无关，但一定要向前。

教练好比球队的战略分析师，在比赛进行的过程中飞速地思索着比赛结果会对球队造成何种影响。

当我还是一名塞维利亚的球员时，曾有一次客场挑战皇家马德里的经历。当时比拉尔多是我们的教练，马拉多纳也在我们的球队中。前

12 分钟，我们就被灌了 3 球，在第四十分钟，第四个进球也飞入了我们的球门。中场休息回到更衣室后，连教练都不说话了。当回到赛场的铃声响起时，比拉尔多恢复了冷静。有人开始鼓劲儿：“加油！加油！”所有的人都开始为队友打气，大喊：“加油！加油！”比拉尔多站起来对我们咆哮道：“你们他妈的到底在干什么？被进了 4 个球，还要脸吗？不许再让他们进球了！”最后我们 1：5 输掉了比赛。

教练好比球队的战略分析师，在比赛进行的过程中飞速地思索着比赛结果会对球队造成何种影响。他们的视角已经飞越了当下，看到了深远的影响。

我一般会分析大约 3 周的影响，在比赛日当天，更会细致入微地观察。球员们可能不会想这么多，但作为教练，你需要找到让球队积极向上的方法。一场灾难性的失利，会让球队陷入持续输球的怪圈。

第十五章　观察入微

我执教竞技队的时候很年轻，但是一直都会很好地把握这种尺度。当我的身份从球员转换为主教练时，我的队友们也给了我很多的支持。

教练年长与否，不是让球员们信服的关键，重要的是是否有能力。年长的教练需要理解年轻球员的生活，如果你和他们的意见相左，就意味着你们之间会有隔阂，更会带来信任危机。

而对于年轻教练来说，更需要平衡这个距离。我执教竞技队的时候很年轻，但是一直都会很好地把握这种尺度。当我的身份从球员转换为主教练时，我的队友们也给了我很多的支持。我和球员们的关系一直很融洽，他们尊重我，我也会尽量满足他们的诉求。

在训练中，我会给每个人展现自我的机会，我们可以在一起打闹、开玩笑，但一旦进入工作状态，所有人都要保持严肃。

在训练中，我会给每个人展现自我的机会，我们可以在一起打闹、开玩笑，但一旦进入工作状态，所有人都要保持严肃。大家都觉得我是一个非常专注的人，我认为这是主教练必不可少的素质，训练的专注程度会影响比赛。

努力和专注不代表一切，因为我们还需要培养出一种默契的球队氛围。我喜欢和大家在一起玩闹。可能前一秒我们还在严肃地训练，哨声一响，我们这群年轻人就乱作一团。完全没有闲暇的时间不是正确的训练方法。

或许他们是巨星，他们可能不需要这些简单的基础训练，但他们对训练的不尊重会传染给队中的其他人。

训练从哨声响起那一刻才算正式开始。在工作前喝咖啡，并不算工作，只是一项准备而已。一旦工作开始，我们就没有任何借口再休息。有些球员在训练中系鞋带或戴帽子，这对我来说是不允许的。或许他们是巨星，他们可能不需要这些简单的基础训练，但他们对训练的不尊重会传染给队中的其他人。并且，这样的球员永远也到不了梅西的高度，超级巨星会认真对待每一场训练。

在训练中，只要没有观众或摄像机，我会指出每一名球员存在的问题，保护球员们的隐私对我和球员都很重要。

注意培养年轻人的教练才会成功。足球不仅仅是一项只关乎眼前成绩的运动。

年轻球员通常是被我训斥得最惨的人。他们初来乍到，身体不听使唤，战战兢兢地触球。我会对他们说："你来到一线队训练就要明白，教练不只是傻站着看你们笨拙地踢球、在场上散步的。"

注意培养年轻人的教练才会成功。足球不仅仅是一项只关乎眼前成绩的运动。优秀的教练都明白，年轻人有着独特的天赋，他们可能会很叛逆，想要立刻成功，这时就需要教练为他们指明道路。

我会从球员的运动中迅速看出他们的竞技状态，身体不会说谎。在比赛或训练中，如果他们没有全身心地投入其中，身体语言会如实地反映出来。

我会从球员的运动中迅速看出他们的竞技状态，身体不会说谎。在比赛或训练中，如果他们没有全身心地投入其中，身体语言会如实地反映出来。这时我就需要寻找原因，让球员们回到正轨。

当你的周围充斥着不同的声音时，你也要听听自己内心的想法。在做一个决定之前，你一定要冷静下来，幸运的是，我的同事们给予了我最大的信任。

或许我真的在这方面有天赋，因为其他人很难模仿我的做法。当丹尼尔·迪亚兹加盟马德里竞技时，他最开始的表现并不尽如人意。当时，我们即将在主场迎战塞维利亚，戈丁彼时有伤在身。还有 3 周就要开赛了，所有人都建议我不要使用迪亚兹。

我去和迪亚兹聊了聊，说道："还有 3 周就比赛了，调整好你的状态，因为我需要你出场。"没有人赞同我的观点，但事实胜于雄辩：迪亚兹发挥出色，帮助我们赢下了比赛。当你的周围充斥着不同的声音时，你也要听听自己内心的想法。在做一个决定之前，你一定要冷静下来，幸运的是，我的同事们给予了我最大的信任。

纪律与专注

从 17 岁起，我就成为一名足球运动员，直到今天，我已经 45 岁了，从未有过休假。每个周末我都要全神贯注，已经持续了 28 年。

在球星的光环背后，是球员数十年如一日的付出。球员们放弃了自己所有的业余时间，或许有所抱怨，但他们真的是全心全意地在付出。这世界上有太多的人每天都在努力工作，却很难真正得到回报。

我想说的是，足球运动员实在是太需要休息了。在我退役的第二天，就接手了竞技队的教鞭。至今我仍然为那些丢掉的周末感到惋惜。从 17 岁起，我就成为一名足球运动员，直到今天，我已经 45 岁了，从未有过休假。每个周末我都要全神贯注，已经持续了 28 年。

但我不觉得没有周末的这些年很难熬，这都是球员和教练们应该付出的代价。足球运动要求一定的纪律性，话说回来，哪项工作不需要纪律性呢？现如今，太多的人在工作中缺少纪律性和注意力了。

通常在开会时教练都会坐在球员的前面，而我喜欢坐在后面，因为我不太喜欢被他们盯着看。有人说教练要事无巨细、事事操心，但我还是希望给球员们一些属于自己的空间。

巴塞罗那队中的状况完全不同，他们除非去打客场比赛，其他时候不会专心练习。球员们对待比赛就像去和朋友们踢球一样。如果比赛在下午 4 点开始，他们可能 2 点才会乘大巴出发。但其他队伍的氛围则完全不同。他们会一起吃营养早餐，开始一天的准备工作。但并不像监狱那样。我们集合、吃饭、观看对手的比赛录像，接着睡个午觉。我们首先将球员们的身体状态调整好，然后开始谈论足球的内容。

有时候我们会和队友交流，不过有时候也不会。我们分别住在基地中不同的房间里，如果我想和某名球员交谈，我就会给他打电话。通常在开会时教练都会坐在球员的前面，而我喜欢坐在后面，因为我不太喜欢被他们盯着看。有人说教练要事无巨细、事事操心，但我还是希望给球员们一些属于自己的空间。吃饭时，我们教练组在小桌吃饭，而球员们则共享一张巨大的桌子，这样有助于他们增进感情。

现代足球更强调速度，如果体重过大，受伤的风险也就更大。在南美，更需要注意这种情况。

球员们的食谱都会根据他们的情况进行量身定制，因为球员们不太会注意增重两公斤带来的损伤膝盖、减慢跑步速度的影响。现代足球更强调速度，如果体重过大，受伤的风险也就更大。在南美，更需要注意这种情况。现如今，如果你没有速度，根本无法在绿茵场上立足。

偶像的黄昏

体面地离开是最好的解决方式，就好像贝隆离开大学生队那样。这些球员为球队付出了太多，也受到了最多的关注。他们是年青一代的偶像，理应在职业生涯的末年受到最好的礼遇。

在球员即将告别绿茵场时，会有一段重返青春的时间。这时候教练就要和他们进行交流，让他们了解到足球生涯即将告一段落。此时就要考验教练说话的艺术了。这种对话一般在更衣室里进行，如果教练处理不好的话，可能会对球员的感情造成伤害。

体面地离开是最好的解决方式，就好像贝隆离开大学生队那样。这些球员为球队付出了太多，也受到了最多的关注。他们是年青一代的偶像，理应在职业生涯的末年受到最好的礼遇。

不过对于他们来说，也应该知道是时候离开了。对于那些球星来说，在功成名就后急流勇退，远好于背负着万千骂名黯然离开。

球队中有一名偶像是非常积极的事，但有时也会带来麻烦。如果球队陷入困境，教练对于换下这名球员会心有顾忌。

球队中有一名偶像是非常积极的事，但有时也会带来麻烦。如果球队陷入困境，教练对于换下这名球员会心有顾忌。球迷们既会怀念这名球员过往为他们带来的美好时光，又希望球队能赢得比赛。

教练总要为球队进行打算，所以有的时候会承受同情者们的怒火。

与老球员们的交流一定要真诚，如果有一点儿欺瞒，就会万劫不复。我尊重他们，且不想冒犯他们。这些球员都已经很成熟了，不需要太多的话语就能明白别人的意思。和他们说话的时候，一定要语气坚定，毕竟球队要向前进步。

对位对决

足球场上，对位的比拼会起到关键性的作用。足球是一场 11 对 11 的游戏，但也是一场 1 对 1 的游戏。战胜对位的对手，很有可能就带来了胜利。

足球场上，对位的比拼会起到关键性的作用。足球是一场 11 对 11 的游戏，但也是一场 1 对 1 的游戏。战胜对位的对手，很有可能就带来了胜利。对于我来说，更喜欢对抗高个子球员，因为矮个子球员更为灵活莫测，他们拥有着更好的瞬间爆发力。

只能选定一两个“敌人”。如果你想和所有人对抗，一定会无功而返。

在历史悠久的俱乐部之间，经常会有两支球队的两名球员奉献精彩的对决。我在踢球中得出了这样的经验，你不可能一个人对抗对面一整支队伍，只能选定一两个“敌人”。如果你想和所有人对抗，一定会无功而返。

队友之间也会为同一个位置进行竞争。曾经有教练跟我说，我在传球这方面比另一名国家队的队友做得更好，这不意味着我比他强，但是可以说明我在一些特定的功能上更适合我们的球队。可惜的是，大众只会看到表面的成绩。

面对观众

在我担任马德里竞技主教练的时候，我发现无论走到哪里都会有球迷对我给予极大的关注，他们对我的热爱和拥戴是无价之宝。

回忆起我小时候踢球的经历，就会发现我一直渴望着在人群前踢球，希望他们呼喊着我的名字。我发现观众在足球场上扮演着重要的角色，甚至会对你的职业生涯有重要的影响。到一定的年龄后，球员会发现没有必要去迎合大众的口味。在我看来，能掌握自身发展的轨迹才是健康的职业生涯。那些足球迷们不会对你的生活造成巨大的影响。当然了，我们要学会尊敬观众，他们在很多情况下对球员的影响甚至比足球本身还大。

最开始，我忽视了球迷的影响力，但自从我成为教练后情况有所改观。在我担任马德里竞技主教练的时候，我发现无论走到哪里都会有球迷对我给予极大的关注，他们对我的热爱和拥戴是无价之宝。

虽然在人群中受拥戴的感觉非常棒，但与大众保持距离是我更想要的生活。

虽然对我有过分的关注不会打扰我，但大多数时候我更喜欢一个人安安静静地独处。虽然在人群中受拥戴的感觉非常棒，但与大众保持距离是我更想要的生活。当你与家人团聚，或是在处理重要事件的时候，有人来跟你合影或索要签名，对私人生活都是一种打扰。

我曾看到过一位球员为近500名观众签名。或许这名球员喜欢用这样的方式来博取观众的好感吧，但我从来不会这样做。

试图接近你的人并没有错，有可能这是他与你近距离接触的唯一机会。球员们也没有错，在足球的世界中，球迷很难看到名人背后的艰辛。

当一个人出名后，他就要学着克制自己的脾气，要笑着出席各种场合。当然了，成为名人的代价就是我甚至不能自己安安静静地散步。你不能要求球迷们按照你想要的方式去做，他们觉得能闯入你的生活是一种快乐。如果球迷能用一种较为温和的方式接近你，为何不满足一下他们的要求呢。

一个人能成为名人，自然有他的出众之处。但球迷们最看重的就是成功，当自己喜欢的球队或球星夺得冠军时，他们比任何人都要激动。

单纯的抱怨不会解决任何问题，我曾看到过一位球员为近500名观众签名。或许这名球员喜欢用这样的方式来博取观众的好感吧，但我从来不会这样做。

观众们通过这些空穴来风的消息所认识的，只是他们臆想中的那个人。

在足球的世界中，一切都会成为附庸。各式各样的消息都会见诸报端。我认为大部分人都不会百分百讲真话，因为那会给生活带来很多的不便。作为教练，每天都要和不同的人说话。

谎话很多，最可怕的是你不能消除它们的影响。一旦见诸报端，就很难将流言消灭了。听见风言风语的人才不会分析真伪，更不会等待别人来否认。这样，流言就愈演愈烈。

在我跟大众打交道这些年来，我发现有很多流言蜚语实在是假得离谱。有的时候会有人“通知”我转投别的俱乐部了，有时是我拿到了一笔子虚乌有的钱。观众们通过这些空穴来风的消息所认识的，只是他们臆想中的那个人。

第十六章　认真规划

私人生活受到了极大的侵占，使我对独处的时光越发珍惜。当你能独自做一些简单的事时，就会觉得无比的幸福。自己去吃饭、去看电影、去旅行，都是弥足珍贵的事。但幸运女神不会经常眷顾你。有一次，当我在加的斯的海边独自慢跑时，一群人向我冲了过来。实在是太奇怪了，如果他们认识我，会不会跑到我身边呢？如果他们跑过来了，我该怎么办？是试着推开人群还是和他们一起跑步？当他们跑到我身边的时候，我听到一个男孩在和母亲打电话说，她绝对猜不到在她儿子旁边跑步的人是谁。

我的生活非常规律，早上去训练，然后回家吃午饭，休息 40 分钟，观看录像带，接着处理一些杂事。我就像住在贝壳里一样，我很喜欢这样的生活。

对于暴露在镁光灯下的人，孤独感弥足珍贵。我很难有机会离开住所，有的时候我的妻子想要和我出去共进晚餐，我们不得不跑到 100 公里之外的地方。

我的生活非常规律，早上去训练，然后回家吃午饭，休息 40 分钟，观看录像带，接着处理一些杂事。我就像住在贝壳里一样，我很喜欢这样的生活。当有些人劝我出去走走时，我会发现我舍不得这份安逸。如今，每当我去到另外的城市，我都要先花几个小时放松一下。

规律的生活习惯让我的生活变得轻松惬意。

规律的生活习惯让我的生活变得轻松惬意。作为一名足球教练，你会经历许许多多精彩的瞬间。在我还在比萨效力期间，受伤的时候我会让自己放纵一下。但你要知道哪些乐趣可以选择。

我不贪图娱乐，也从未逃学。如果我向校外的诱惑屈服，就会觉得是对父母和自己不负责任。

我是一个不会轻易放弃自己梦想的人，或许不是吧。我不贪图娱乐，也从未逃学。如果我对校外的诱惑屈服，就会觉得是对父母和自己的不负责任。

零满足

我不知道该如何评价自己所做出的成就，不知道我是否满意，过去、现在和将来都没有一个明确的参照系。如果只看过去，我足够幸运，但也谈不上满意，竞争一直在继续。

当然了，当运气不站在我这边时，我就要靠自己的努力。我的膝盖曾经受过严重的伤，那对我来说实在是一次灾难，但也因此让我变得更加固执和坚忍。

或许我当时的恢复计划有些疯狂，甚至有些自私，但在我看来，如果不自私的话，根本没办法达成我想要的目标。

那时距离2002年世界杯开赛仅有7个月，在受伤5个半月后，我又重新回到了球场。在受伤期间，我额外花了2个月时间照顾自己，因为在我恢复期间，急功近利地又弄伤了软骨、半月板和十字韧带。或许我当时的恢复计划有些疯狂，甚至有些自私，但在我看来，如果不自私的话，根本没办法达成我想要的目标。

坚定的想法

但专业的人士到了充满竞争的环境中，他们也会不断地进化。

我的同事们都在不断地成长，或许专业的人士都会这样。对于新人来说，成长非常容易，但专业的人士到了充满竞争的环境中，他们也会不断地进化。

坊间传闻说教练之间会互相倾轧，但我们的团队中没有这种情况。每个人都在为集体做着贡献。但只有那些头脑最为清醒的人才能受到重用。

我发现那些占据重要位置的人都有着属于自己的清晰且坚定的想法。如果头脑混沌，也很难达到这样的高度。

除此之外，我发现那些占据重要位置的人都有着属于自己的清晰且坚定的想法。如果头脑混沌，也很难达到这样的高度。不同的想法会导致不同的结果，有能力的人会排除万难，坚定推行自己的想法。当然了，能让球队越来越好的教练才是好教练。有些人可能饱受争议，但他们带队的成绩却非常好，我十分羡慕这种人。

我非常欣赏安切洛蒂，他总能和球员们和睦相处。

我在比赛中学到了教练应如何处理与球员、与球队的关系。可能球迷们没有发现这点。我非常欣赏安切洛蒂，他总能和球员们和睦相处。作为一名伟大的教练，他能够在切尔西、米兰、尤文图斯、皇马、巴黎圣日耳曼这些豪门中立足，说明了他有着无与伦比的境界。无论胜负，他都保持着良好的形象。

我曾经仔细分析过安切洛蒂，发现他无论胜败都能保持冷静的情绪。胜负乃兵家常事，保证自己的情绪稳定最为重要。

有些因素埋在教练内心深处，帮助他们保持冷静。很少有教练能把自己当作一名单纯的雇员。马西米拉诺·阿莱格里的个性非常有趣：在米兰时他是一位纯粹的绅士，但到了尤文，面对困难的环境，他立刻化身为一名顽强的斗士，将球队带到了欧冠决赛。

无数种可能与唯一的决定

在做决定之前，会有无数种的可能性。有时可以在多个选项中挑选，但每当你更进一步，你就会发现选择越来越少。

在做决定之前，会有无数种的可能性。有时可以在多个选项中挑选，但每当你更进一步，你就会发现选择越来越少。在比赛中，我经常会发现有 5 种不同的选择，但几分钟过去后，仅有一两种选择可行。

当你距离做决定的瞬间越近，你头脑中的选择就越少。

这种概念似乎略微宽泛。举例来说，在比赛中换人是一种本能的行为。当你选择让一名球员上场，就说明现在的局面适合他发挥。

事实上，那些初来乍到的年轻人受到的影响最小，他们对于比赛的影响是无序的，可能相同的决定在不同的场合会带来不同的影响。

一座冠军奖杯怎么够

训练是一门领导的艺术，领导力在训练中成长，这是一种难以言明的智慧。

有时我会想象，自己在其他的领域会不会像在足球界这么成功。在训练场上，我总想着如果将执教的艺术用于公司作为领导力，是否会取得成功。在球队中，为了达成一个目标，仅仅在训练场边呼喊“加油，加油，加油”远远不够。训练是一门领导的艺术，领导力在训练中成长，这是一种难以言明的智慧。

教练也在更新换代，我的后辈们如今已经有了新的训练方法。虽然我不太认同他们的做法，但他们自有他们的专业性。何况还有管理层在监督着，我们只是走了不同的道路罢了。

我有幸能够在欧洲的舞台上停留 12 年，这是阿尔菲奥·巴西莱都未能完成的成就。在我看来，他是一名非常成功的教练，善于准备比赛，有着无与伦比的能力。

只要认真准备，认真体验，勇敢面对困难，你就非常容易在专业领域获得成功。

年轻的欧洲球员人才辈出，有的已经在一线队站稳脚跟。可阿根廷球员却有些青黄不接。当你落后时，追赶其实不难，只要学会领先的人的做法，就不会被甩开太远。

如今的人才也在转变。年轻的欧洲球员人才辈出，有的已经在一线队站稳脚跟。可阿根廷球员却有些青黄不接。当你落后时，追赶其实不难，只要学会领先的人的做法，就不会被甩开太远。欧洲的球员可能在性格、进攻性、球商等方面还不如阿根廷球员，但得益于体系，他们成长得更为迅速。

第十七章　自我意识

每一项元素都会对我们的生活产生决定性的影响，不过我也只能寄希望于影响一点点，不奢望去改变这个世界。

我的所作所为的重要性是相对而言的，我当然不是世界的中心，但在当今的足球世界，一个人的小小行为都会被全世界的媒体放大，可能转瞬之间就被传到了东京的电视画面上。

对于我自己来说，足球便是我的全部，我不认为我的贡献比一名建筑师更大，毕竟他们还有实体的作品。我更希望我的工作能影响到他人的学业和人生走向等人生的组成元素。

每一项元素都会对我们的生活产生决定性的影响，不过我也只能寄希望于影响一点点，不奢望去改变这个世界。

一名负责的足球教练就和一名负责的建筑师、作家或健身教练一样，但足球在全世界范围内有着更大的曝光率。一场完美的手术通常不会见诸报端，但救死扶伤远比报纸上的足球新闻重要得多。

直觉，观念

我认为“直觉”比“观念”更能体现出本我。如果我说凭“直觉”，那这件事多半会成功。

有人对我说，在英国有一种说法，叫作“观念为王”，“观念”指导着万物。我对此深有感触，但很难明白地解释出来，因为我认为这是一种内在的能量。但我知道“观念”不是万能的，有着能力的边界。

与其他的感觉相比，我认为“直觉”比“观念”更能体现出本我。如果我说凭“直觉”，那这件事多半会成功，因为“观念”还需要一定的观察，而“直觉”则是本身就在当下的感觉。

与强者对话

当我在马德里竞技踢球时，我曾看到过一家报纸上写着赫苏斯·吉尔主席说:“西蒙尼和其他一些球员对球迷缺少尊重。”当时我们在联赛中的处境并不好，但我没有顾全大局，而是很生气地回应。在一次采访中，我说，不允许任何人侮辱我的姓氏。

与弱者对抗是一种无意义的行为。与“马约尔广场的活雕像”吉尔起冲突，并非我所选择的，而是我与生俱来的天性。就算与这位西班牙的权势人物对抗会让我输掉所有前途。

我只是一个初到俱乐部的24岁小伙子，主席没有打电话，也没有公开回应我。我说那话的时候是周三。在周六比赛日的时候，我照常进入了更衣室，看到了主席，向他打了招呼。他也微笑着对我致意:“好呀，西蒙尼，你有种。真不愧是个棒小伙。”他很欣赏这种对话，但他没有直接回应我，可能他在想:“如果我回答了，媒体可就有的写了。”

有人曾说过，与巨人抗争才会成长。当时我并没有想那么多，因为在那种状况下，愤怒是我源源不断的力量。

与弱者对抗是一种无意义的行为。与“马约尔广场的活雕像”吉尔起冲突，并非我所选择的，而是我与生俱来的天性。就算与这位西班牙的权势人物对抗会让我输掉所有前途。

为了获得尊敬，有时你需要甘冒奇险。当时俱乐部主席的一席话真的让我感到伤心，我已经不会在乎对方的地位了。他说的话完全错误，我不需要承认这句谎言。

在和老板叫板前，你需要想明白是否值得为此丢掉工作。为了获得尊敬，有时你需要甘冒奇险。当时俱乐部主席的一席话真的让我感到伤心，我已经不会在乎对方的地位了。他说的话完全错误，我不需要承认这句谎言。

我没有阴谋，如果其他人有，那就有吧

在我的工作中，我付出了最多的真诚与感情。但如今的足球世界里，充斥着阴谋诡计。或许一些人可以通过阴谋来操纵比赛、交易等，但我一直认为彼此信任才是最好的状态。

媒体肆无忌惮地追踪着所谓的教练阴谋论，有些人甚至调查到了我身上的衬衫。当我们输球时，媒体就会把我穿白衬衫当作要放弃比赛的标志。可笑的是，执教 10 年来，我几乎只穿白衬衫。

我觉得白衬衫象征着皇家马德里，所以在和他们比赛的时候会选择深色的衬衫。在那个赛季，我似乎一直在穿一套旧西装。

有媒体报道说我在欧冠输给勒沃库森的那场比赛中穿了白衬衫，但他没有注意到在决赛中输给皇马时我穿的是黑衬衫。我觉得白衬衫象征着皇家马德里，所以在和他们比赛的时候会选择深色的衬衫。在那个赛季，我似乎一直在穿一套旧西装。

当然了，我也有着属于我自己的“迷信”。我是一个遵循规律的人，比赛后我会回到训练基地，打开电视观看比赛。紧接着，球队的经理会送来重要的文件。挂好大衣后，我就去睡觉。第二天早上，我会在早饭前跑跑步，洗澡后会和妻子通电话，顺序永远不会变。

如果我没和妻子联络，比赛可能就会出问题。我知道这样说很可笑，但和亲密的人联系让我感到心安。我还有很多小怪癖：比如说旅行前会喝一杯咖啡，但在飞机上从来不喝；还有就是，我的内衣一直是一个颜色。

第十八章　不断奋斗

固执是一种能帮助人们在逆境中坚定信念的特质，然而这并不是你拒绝接纳别人良好建议的理由。在我看来，多数时候要听听别人的话，兼听才能让决定更正确。

我是一个非常喜欢听取意见的人，因为我不会总是对的，但是你一定要说服我。在我感到有压力的时候，不会轻易做决定，草率可能会导致犯错误。这时我更喜欢听听别人的意见，就算不能提出替代的选项，我也希望我的做法能被不同的观点印证。

在压力面前，我可能不会屈服。举例来说，如果领导层对我说：“替换下一名球员，让另一名球员上场。”我不会保证立刻就照做。大概这是一种天生的自我保护机制吧，虽然不会减轻我的压力，但这就是我一直以来的工作风格。

在面对困难的局面时，比如说一场重要的比赛前所有人都很紧张，我会是保持冷静的那个人。输或者赢，往往就在我们的一念之间。

在面对困难的局面时，比如说一场重要的比赛前所有人都很紧张，我会是保持冷静的那个人。在伟大的时刻来临前，我可以看到更多的机会，我认为球队之所以能走到今天，与我们的努力息息相关。输或者赢，往往就在我们的一念之间。

我认为说话做事都要有底线，一个人也要有改正错误的能力，不然他就是一个傻子。然而我们也不能为了避免犯错误就不再提出自己的想法了。

在犯了错误后，无意义地为自己辩解不会减轻你的压力。我认为说话做事都要有底线，一个人也要有改正错误的能力，不然他就是一个傻子。然而我们也不能为了避免犯错误就不再提出自己的想法了。

含刀在口

足球的刺激性在于你永远不知道比赛会有多激烈，有的时候不啻为一项刀头舔血的游戏。曾经阿根廷国家队的防守问题带来了大麻烦，我们在一个阴雨天中 2：3 输给了塞尔维亚。20 天后，我们将要在蒙特维的亚与乌拉圭进行附加赛的争夺。

我没有说要刺伤对手，而是提醒他们要对我们加以防范。

当一场糟糕的比赛结束后，媒体会从不同的角度抨击你。有一位记者问道，在败给塞尔维亚后，我们打算如何面对乌拉圭队。我回答说：“我们要咬着刀子踢。”这就是我的真实感受。乌拉圭人可能会觉得我这种回答对他们缺少尊敬，但一定要让他们感觉到我们的侵略性。事实就是如此，如果他们想在蒙特维的亚击败我们，我就不可能让他们全身而退。

我从心底认为，我那句话只是一种加重了语气的无害表述。我没有说要刺伤对手，而是提醒他们要对我们加以防范。我更喜欢说这些有意味的话，当了教练后，说出“一场接一场好好踢”这种无意义的空话更像是政客的做法。

我经常会对记者的问题解释很多，这样有助于低调行事，也有助于安抚记者们。

佩佩·帕斯克斯经常会对我的新闻发言提出建议，我也偶尔在新闻发布会上对对手进行适当的挑衅，并对自己所做的准备做出总结。

心情好的时候，我还会说出一些令记者们始料不及的话。坐在话筒前，我好像变了一个人，会让自己的情绪放大，无论是开心、无聊甚至生气，我喜欢把自己放在冲突中。

我经常会对记者的问题解释很多，这样有助于低调行事，也有助于安抚记者们。从我个人的角度看来，提问与回答双方必须足够坦诚。如果我想要回答问题，一定会辅以充足的论据。

第十九章　感受足球

阿根廷足球就好比阿根廷的社会：我们是西班牙人、意大利人、克里奥尔人、法国人等，我们是一个综合的民族。每名球员都有着自己民族的烙印，不同的性格会为球队带来不同的提高。

在足球中，有一个概念叫作——“我们”的足球。什么是“我们”的足球？阿根廷足球就好比阿根廷的社会：我们是西班牙人、意大利人、克里奥尔人、法国人等，我们是一个综合的民族。每名球员都有着自己民族的烙印，不同的性格会为球队带来不同的提高。

西班牙刚刚经历了“西班牙王朝”。尽管他们照搬巴塞罗那的战术赢得了2010年的世界杯，我依然认为他们的足球模式不算成功。路易斯·阿拉贡内斯成功地将巴萨的战术移植到了国家队，我认为他的战术成就比德尔·博斯克更高。

在我看来，想要理解一处的足球文化就要先理解当地社会。在阿根廷社会中，个体之间有着巨大的差异。我们都很优秀，但这种优秀时常没有共同之处。

阿根廷国家队不太可能拥有鲜明、稳定的特点。现如今的球员征召模式更为看重球员的个人能力，导致我们无法完全消除球员的自负心态带来的影响。

利用一切有生力量增强球队不是件容易的任务，我们不是循规蹈矩的日耳曼人，从小耳濡目染的环境也天差地别，在阿根廷球队中，比起集体的力量，更为相信个人的强大。

阿根廷国家队不太可能拥有鲜明、稳定的特点。现如今的球员征召模式更为看重球员的个人能力，导致我们无法完全消除球员的自负心态带来的影响。

巴西为我们提供了非常现实的转型模板。在 1970 年世界杯登顶后，巴西等了 24 年才再次获得冠军。他们摒弃了旧有的方式，以崭新的姿态获取胜利。

我们要明白，一切绝妙的想法都要根据客观事实进行应用，在不同的时机甚至会带来相反的效果。有了绝妙的主意，也需要利器在手才能成就冠军。

巴西队选用了贝贝托、罗马里奥外加整队的“全能球员”的模式重回巅峰。和古典的美丽桑巴足球[①]不同，1994 年身为冠军球员的邓加，如今也在选用这种与传统背道而驰的方式。我们要明白，一切绝妙的想法都要根据客观事实进行应用，在不同的时机甚至会带来相反的效果。理想总要屈从于现实，有了绝妙的主意，也需要利器在手才能成就冠军。

① 指巴西足球，世界上最完美的“艺术足球”，它是人体协调最完美的展示。

诠释感受

球员在国家队与他在俱乐部中不一样。可能他在俱乐部中表现得糟糕，但在国家队里踢得风生水起。我不知道是否是加入国家队所带来的荣誉感提高了他们的状态，但可以肯定的是，他们不再为了球迷踢球，而是为自己的祖国踢球。如果你不能理解这种感情，就说明你从未入选过国家队。

当有人问我一名阿根廷国家队球员在比赛前听到国歌响起时，是什么感受，我觉得我很难回答，怎么可能用话语诠释主观的感受呢？

为国捐躯如今不太可能实现，但通过体育我们可以为祖国争光。当有人问我一名阿根廷国家队球员在比赛前听到国歌响起时，是什么感受，我觉得我很难回答，怎么可能用话语诠释主观的感受呢？

在飞回祖国的航班上，我觉得自己有金刚那么强。在我很小的时候，就离开了我的故乡，每次随国家队出征时，都会有一种回家的感觉。

对于一些球员来说，为国效力是一种额外的负担，但更多人认为这是一种动力。在飞回祖国的航班上，我觉得自己有金刚[①]那么强。对于国家队的比赛，我从未觉得厌烦或疲倦。这是我回报祖国的一种方法。

---

① 好莱坞影片《金刚》中的主角，一只巨大无比、凶悍勇猛的传奇猩猩。

在我很小的时候，就离开了我的故乡，每次随国家队出征时，都会有一种回家的感觉。伴着这种心情，只要能为自己的同胞和祖国奋斗，无论踢得怎么样都不重要了。

当我很小的时候，就已经在国家队里踢球了。从 1988 年起，我就和 1986 年夺取冠军的国家队一同训练。在随后的两年间，我们一起备战 1990 年意大利世界杯。我从比拉尔多、帕查梅、马拉多纳、奥斯卡·鲁格里、豪尔赫·布鲁查加和巴尔达诺身上学到了非常多的技术，更学到了他们对这身球衣的热爱。

披上国家队战袍的奇妙感觉难以言喻。我半生都不曾在这个国家生活过，但我的确是土生土长的阿根廷人。在外打拼时，我时常会铭记起自己阿根廷人的身份，如果有人敢对我的祖国不敬，无论是谁我都会与他抗争到底。

对于阿根廷这样的国家来说，全国人民都在关心足球队的成绩，球员们也会因为球队的成绩波动受到影响。我理解这种心情，毕竟我从 16 岁到 32 岁期间一直在国家队中效力。

每当我被征召时都很兴奋，我回去不是为了踢球，而是为了代表我的祖国，这就是我的感受。当然了，我要和一支一流的球队一起训练，但那种兴奋也无法超过我代表祖国的激动之情。

对于阿根廷这样的国家来说，全国人民都在关心足球队的成绩，球员们也会因为球队的成绩波动受到影响。我理解这种心情，毕竟我从 16 岁到 32 岁期间一直在国家队中效力，我曾参加过 1 次青年世界杯、3 次成年世界杯。总体来说，我在队伍中非常开心。

当然了，我一直希望某一天能执教阿根廷国家队，但可能要过几年的时间。如果没人推荐我，似乎对我有点不公平。

每当看到更衣室中的国家队球衣时，我都能感到一种难以言喻的情绪。我会感到自己的身体已经准备好了，这是我生活中最奇妙的时刻，而且神奇的是我没有一丝压力。我们是超凡脱俗的一代球员，虽然没办法捧起大力神杯，但两次夺得美洲杯也为我们留下了美好的回忆。那些年，我们在球场上能体会到对足球的热爱和球迷们的崇敬之情。

当然了，我一直希望某一天能执教阿根廷国家队，但可能要过几年的时间。如果没人推荐我，似乎对我有点不公平。在我看来，阿根廷队主帅需要具备强大的自制力和协调能力，如果你问我是否会担负这个责任，我会说我希望这一切都是自然而然发生的，不要催促也不要急躁。

我做事一向认真，会继续准备好每场比赛，会在自己担当大任之前将自己武装好。我希望一切水到渠成，而不是赶鸭子上架。

但我确定执教阿根廷队不会是我职业生涯的终点，只是一个阶段性的主要目标，如果我真的有机会执教这支球队的话。

有些机会也可能意味着永远不会发生，但我宁愿在机会到来时尽我自己最大的努力，也不愿白白错失机会。和执教其他球队相比，执教阿根廷队实在是太特殊了。我们将要取得什么样的目标呢？我对于国家队方面的经验不多，但我确定执教阿根廷队不会是我职业生涯的终点，只是一个阶段性的主要目标，如果我真的有机会执教这支球队的话。

现在可能不会是接掌阿根廷队的好时机，可能最近都不是，这也是我不着急的原因。不能急，也不当作生涯的终点，在恰当的时候就好。首先我还要多经历一些比赛来积累经验，经验不足的我不会去冒险。一旦执教国家队，就意味着巨大的责任，没有拿到世界冠军就意味着不会有好日子过。得不到冠军，面对我的就只有批评和指责，我也要做好这样的准备。

执教俱乐部和执教国家队实在是天差地别，各方面承受的压力都不一样。一支国家队汇集了一个国家的所有俱乐部，甚至一些海外球员，在他们之间说不上团结、稳定，球员连训练的规划都完全不一样。这和执教俱乐部实在是差得太多了。

当美洲杯或世界杯开始时，你会看到观众们的热情。朋友们聚餐看球，空荡荡的街上会听到从房间里传来的进球欢呼。我在这种独特的阿根廷环境中成长了 16 年，可能一粒算不上漂亮的进球都会成为人们数天的谈资，这就是阿根廷。

阿根廷球迷是无与伦比的，当我还是河床的教练时，我们 0：1 输掉了一场在糖果盒[①]举行的国家德比。之前我们在积分榜上领先 4 分，我认为能在糖果盒取胜的办法就是派上技术出众的球员。我的父亲问我打算怎么比赛，我对他说："我打算派上杰洛、卡布拉尔、特奇奥、比亚格拉，中前场是阿莱克西斯·桑切斯、蓬齐奥、阿贝拉伊拉斯、布欧纳诺特、法尔考和奥尔特加。"我的父亲对我说："我喜欢这个阵型，技术都不错，就是都太矮了。"

在阿根廷，人人都懂足球。

---

① 糖果盒球场，博卡青年主场，位于布宜诺斯艾利斯。

比赛过程糟糕透顶，博卡青年进了球。在落后时，我派上了阿布雷乌，他的头球稍稍高出横梁，差点扳平比分。赛后，我直接到电脑前和父亲通了话，他说："怎么样，你今天应该让阿布雷乌首发的。"如果我的父亲都明白，那出租车司机甚至街上的任意一个人都会明白这个道理吧。在阿根廷，人人都懂足球。